天道圣经注释

耶利米哀歌注释

唐佑之 著

上海三联书店

出版说明

  基督教圣经是世上销量最高、译文最广的一部书。自圣经成书后，国外古今学者注经释经的著述可谓汗牛充栋，但圣经的完整汉译问世迄今尚不到两个世纪。用汉语撰著的圣经知识普及读物（内容包括圣经人物、历史地理、宗教哲学、文学艺术、伦理教育等不同范畴）和个别经卷的研究注释著作陆续有见，唯全本圣经各卷注释系列阙如。因此，香港天道书楼出版的"天道圣经注释"系列丛书尤为引人关注。这是目前第一套集合全球华人圣经学者撰著、出版的全本圣经注释，也是当今汉语世界最深入、最详尽的圣经注释。

  基督教是尊奉圣典的宗教，圣经也因此成为信仰内容的源泉。但由于圣经成书年代久远，文本障碍的消除和经义的完整阐发也就十分重要。"天道圣经注释"系列注重原文释经，作者在所著作的范围内都是学有专长，他们结合了当今最新圣经研究学术成就，用中文写下自己的研究成果。同时，尤为难得的是，大部分作者都具有服务信仰社群的经验，更贴近汉语读者的生活。

  本注释丛书力求表达出圣经作者所要传达的信息，使读者参阅后不但对经文有全面和深入的理解，更能把握到几千年前的圣经书卷的现代意义。丛书出版后受到全球汉语圣经研习者、神学教育界以及华人教会广泛欢迎，并几经再版，有些书卷还作了修订。

  现今征得天道圣经注释有限公司授权，本丛书由上海三联书店出版发行国内中文简体字版，我们在此谨致谢意。神学建构的与时俱进离不开对圣经的细微解读和阐发，相信"天道圣经注释"系列丛书的陆续出版,不仅会为国内圣经研习提供重要的、详细的参考资料,同时也会促进中国教会神学、汉语神学和学术神学的发展,引入此套注释系列可谓正当其时。

上海三联书店

天道圣经注释

本注释丛书特点：

● 解经（exegesis）与释经（exposition）并重。一方面详细研究原文
  字词、时代背景及有关资料，另一方面也对经文各节作仔细
  分析。

● 全由华人学者撰写，不论用词或思想方法都较翻译作品易于
  了解。

● 不同学者有不同的学养和专长，其著述可给读者多方面的启发
  和参考。

● 重要的圣经原文尽量列出或加上英文音译，然后在内文或注脚
  详细讲解，使不懂原文者亦可深入研究圣经。

天道书楼出版部谨启

目录

序言

　　"天道圣经注释"的出版是很多人多年来的梦想的实现。天道书楼自创立以来就一直思想要出版一套这样的圣经注释，后来史丹理基金公司也有了一样的期盼，决定全力支持本套圣经注释的出版，于是华人基督教史中一项独特的出版计划就正式开始了。

　　这套圣经注释的一个特色是作者来自极广的背景，作者在所著作的范围之内都是学有专长，他们工作的地点分散在全世界各处。工作的性质虽然不完全一样，但基本上都是从事于圣经研究和在学术方面有所贡献的人。

　　另外，一个值得注意的地方，是这套书中的每一本都是接受邀请用中文特别为本套圣经注释撰写，没有翻译的作品。因为作者虽然来自不同的学术圈子，却都是笃信圣经并出于中文的背景，所以他们更能明白华人的思想，所写的材料也更能满足华人的需要。

　　本套圣经注释在陆续出版中，我们为每一位作者的忠心负责任的工作态度感恩。我们盼望在不久的将来，全部出版工作可以完成，也愿这套书能帮助有心研究圣经的读者，更加明白及喜爱研究圣经。

荣誉顾问　鲍会园

主编序言

　　华人读者对圣经的态度有点"心怀二意"，一方面秉承华人自身的优良传统，视自己为"这书的人"（people of the Book），笃信圣经是神的话；另一方面又很少读圣经，甚至从不读圣经。"二意"的现象不仅和不重视教导圣经有关，也和不明白圣经有关。感到圣经不易明白的原因很多，教导者讲授肤浅及不清楚是其中一个，而教导者未能精辟地讲授圣经，更和多年来缺乏由华人用中文撰写的释经书有关。"天道圣经注释"（简称为"天注"）在这方面作出划时代的贡献。

　　"天注"是坊间现有最深入和详尽的中文释经书，为读者提供准确的资料，又保持了华人研读圣经兼顾学术的优良传统，帮助读者把古代的信息带入现代处境，可以明白圣经的教导。"天注"的作者都是华人学者，来自不同的学术背景，散居在香港、台湾地区以及东南亚、美洲和欧洲各地，有不同的视野，却同样重视圣经权威，且所写的是针对华人读者的处境。

　　感谢容保罗先生于 1978 年向许书楚先生倡议出版"天注"，1980年 11 月第一本"天注"（鲍会园博士写的歌罗西书注释）面世，二十八年后已出版了七十多本。史丹理基金公司和"天注"委员会的工作人员从许书楚先生手中"接棒"，继续不断地推动和"天注"有关的事工。如果顺利，约一百本的"天注"可在 2012 年完成，呈献给全球华人读者研读使用。

　　笔者也于 2008 年 10 月从鲍会园博士手中"接棒"，任"天注"的主编，这是笔者不配肩负的责任，因多年来为了其他的工作需要而钻研不同的学科，未能专注及深入地从事圣经研究，但鲍博士是笔者的"恩师"，笔者的处女作就是在他鼓励下完成，并得他写序推介。笔者愿意接棒,联络作者及构思"天注"前面的发展,实际的编辑工作由两位学有所成的圣经学者鲍维均博士和曾祥新博士肩负。

愿广大读者记念"天注",使它可以如期完成,这是所有"天注"作者共同的盼望。

邝炳钊

2008 年 12 月

旧约编辑序

　　"天道圣经注释"的出现代表了华人学者在圣经研究上的新里程。回想百年前圣经和合本的出现,积极影响了五四运动之白话文运动。深盼华人学者在圣经的研究上更有华人文化的视角和视野,使福音的传播更深入社会和文化。圣经的信息是超时代的,但它的诠释却需要与时俱进,好让上帝的话语对当代人发挥作用。"天道圣经注释"为服务当代人而努力,小弟多蒙错爱参与其事,自当竭尽绵力。愿圣经的话沛然恩临华人读者,造福世界。

曾祥新

新约编辑序

　　这二十多年来,相继出版的"天道圣经注释"在华人基督教界成为最重要的圣经研习资源。此出版计划秉持着几个重要的信念:圣经话语在转变的世代中的重要,严谨原文释经的重要,和华人学者合作与创作的价值。在这事工踏进另一阶段的时候,本人怀着兴奋的心情,期待这套注释书能够成为新一代华人读者的帮助和祝福。

鲍维均

作者序

　　耶利米哀歌，顾名思义，应为耶利米书之续篇。希腊文译本中，二书前后为序。但在希伯来正典中，哀歌不被归类在先知书，而在"著作"之中，不仅文体是属诗歌，而且内容也属五大诗卷（其他诗卷为雅歌、路得记、传道书和以斯帖记），日后为犹大会堂内节期必读的灵修文萃。哀歌的诵读不是在重大节期，而在第五月（亚笔月）之初九日，为记念耶路撒冷城被毁之国难。

　　本书可作礼拜文之用，群众的哀歌也用作悔罪的祷文，于是通用于赎罪日。教会的崇拜中，会众的认罪是不可少的，这是教会复兴与更新唯一的途径。

　　本书诗文之美，悲情之深，确实为眼泪的产物，但是其中的灵训更使读者获取教益。神是公义的主，他审判的作为，必在神的家起首。但是他的信实是广大的，这就是属神的人盼望的因由，信心是以神的信实为依据的。因此，阅读此书，似聆听一首悲怆交响乐，在一连串的低泣哭号哀叹交织之中，却有欢悦的音符跳跃着。这又好似一片十分阴暗的黑夜中，不仅星光熠熠，而且指向东方发白的曙光。我们也可从这哀歌，由各各他的幽暗，窥见复活清晨清丽的阳光。

唐佑之
1994 年初秋
序于金门桥畔

希伯来文音译表

Consonants			Vowels	
א -'	ט -ṭ	פ, פ -p, p̄	ָ -ā, -o	ֱ -ĕ
ב, ב -b, b̄	י -y	צ -ṣ	ַ -a	ִ -i
ג, ג -g, ḡ	כ, ך -k, k̄	ק -q	ֲ -ă	ִי -î
ד,ד -d, d̄	ל -l	ר -r	ָה -â	ֹ -ô
ה -h	מ -m	שׂ -ś	ֵ -ē	ָ: -ŏ
ו -w	נ -n	שׁ -š	ֶ -e	ֹ -ō
ז -z	ס -s	ת, ת -t, t̄	ֵי -ê	וּ -û
ח -ḥ	ע -ʿ		ְ -e	ֻ -u

绪论

绪 论

壹 书名与地位

本书的书名,正如旧约其他的书卷,取第一个字。本书的首字为
"何竟"('êkāh),以惊叹的问句,表明哀恸,可译为"哀哉!"这个字出现
在一章一节、二章一节以及四章一节(可参阅撒下一 25;赛一 21;耶四
十八 17)。

犹太著作(Talmud B. Bat,15a)与拉比传统称之为"哀歌"
(Qinot)。七十士希腊文译本依据这书名作 Threnoi,即"哀歌",并加
注耶利米,全名为"耶利米哀歌",并置于耶利米书后,似成为续篇。[①]
耶柔米(Jerome)的拉丁文译本(Vulgate),不仅有"哀歌"其名
(Threni),并加以副题:"先知耶利米之哀歌"(Id est Lamentationes
Jeremiae Prophetae)。

"哀歌"冠以耶利米的名字,可能是根据历代志下卅五章廿五节:
"耶利米为约西亚作哀歌,所有歌唱的男女也唱哀歌,追悼约西亚,直到
今日,而且在以色列中成了定例。这歌载在哀歌书上。"但为耶路撒冷
沦落、犹大失国而作的哀歌,由耶利米所著,旧约中并无出处。耶利米
哀歌四章二十节提到耶和华的受膏者被捉住,并未指定是哪个君王,可
能不是指约西亚,因为约西亚是在战场上阵亡,而且日期在公元前 609
年,耶路撒冷败亡是在公元前 587 年,前后差距有二十余年。有关本书

---

① B. Albrektson, *Studies in the Text and Theology of the Book of Lamentations*,Studia
Theologica Lundensia 21(1963),208 - 213;W. Rudolph,"Der Text der Klagelieder,"
Zeitschrift für die alttestamentliche Wissenschaft,56(1938),101 - 122.

是否为耶利米著作，尚待研究。

　　本书在旧约中的地位，希腊文正典中列于先知著作，在耶利米书之后，如一般英译本与中译本。但在希伯来文正典中本书在"著作"项下，列为五卷之一。五小诗卷为犹太人每逢节期诵读的，即雅歌书（逾越节诵读），路得记（五旬节诵读），传道书（住棚节诵读），本书则为第四卷，为记念耶路撒冷城陷落而诵读。第五卷为以斯帖记（在普珥日读），四、五两卷不在律法的规定之中。在节期的排列也有不同，有的在欧洲中北部的犹太人（Ashkenazie Jews），将本书排列在第三，第四卷为传道书。② 就耶利米哀歌的内容与性质而言，比传道书重要，不仅有先知信息的重点，而且也有历史的意识，记念耶路撒冷城被毁，在亚笔月初九日。这既是民族的哀歌，甚至将每年的赎罪日相比，还不算是一般的作法。

　　由于七十士译本称之为耶利米哀歌，列在耶利米书之后可谓是名正言顺，列在先知著作，除希伯来正典外，都是相同的。列为正典，也无争议之处，这在旧约中的地位似无可否认，早期教父都予承认，没有任何置疑的论点。③

贰　日期与作者

　　本书的日期最为清楚，因其内容凭吊耶路撒冷城的毁坏，时在公元前 587 年。城陷日期为亚笔月，在耶利米书五十二章十二节为五月初十日。在列王纪下廿五章八、九节为五月初七日。亚笔月为五月，相当于公历七、八月。巴比伦军队毁坏圣城与圣殿，掳掠大批的居民，只剩下贫穷与老弱者（王下廿四 8～廿五 30；耶卅九 52），本书五首诗都为这历史的浩劫举哀。这种举哀的礼仪，在圣殿的废墟上还继续，可参阅耶利米书四十一章四、五节以及撒迦利亚书七章一至五节，八章十八、十九节。

---

② Delbert R. Hillers, *Lamentations*, The Anchor Bible, 7A(1972), XVIII.

③ Josephus, *Contra Apionem*, I, 8, *Melito of Sardis*, in *Eusebius*, *Historia ecclesiastica*, IV, XXVI, 14.

本书作者为先知耶利米，为传统的说法，自七十士译本起，都明显地指明。在七十士译本中本书的卷首，特别加注以下的字句："以色列被掳，耶路撒冷城变为荒场。耶利米坐下哀哭，并为耶路撒冷举哀，说……"这是译者加注的，还是译自希伯来文的版本？无法稽考。但叙利亚文译本、古拉丁文译本、通俗拉丁文译本（Vulgate）以及亚兰文译本（Targum），都随从七十士译本。④

犹大的败亡，正在耶利米担任先知职事的时候。在历代志下卅五章廿五节，耶利米为约西亚王逝世而举哀，在哀歌四章二十节为受膏者哀，亚兰文译本指明为西底家王，这些都是耶利米身临其境的经验，以他的个性，必将悲痛的情怀表达出来。他是哀哭的先知，他可与哀歌相提并论（英文 Jeremiad 与 dirge"哀歌"为同义字）。⑤

但是本书若干希腊文古卷，并非都注明为"耶利米哀歌"，如在梵蒂冈古抄本以及若干抄本，只标明"哀歌"，究竟"耶利米哀歌"这一书名的传统何时开始，可以质疑。

哀歌与耶利米书中的用语，有些确是相同的，哀歌又有先知信息的特质，是值得注意的，可见肯定这些哀歌为耶利米的著作，并非没有理由。⑥ 然而二者的迥异处可能更多。

在思想方面看，哀歌对君王、首领、祭司似乎极为尊敬，如在一章六节，二章二、六、九节，四章七、十六、二十节以及五章十二节。但耶利米对他们极尽苛责之能事，因为他们违背神，祸及国民。他抨击西底家（耶卅七 17～20）及他的家（耶廿二 13～30），他责备贵胄（耶五 4～9）、祭司（耶二 26～28，二十 1～5）。哀歌似重视敬拜的礼仪（一 4、9、19，二 6、9、20，四 16），耶利米对礼仪的态度却不同。哀歌四章十七节求助埃及的事，却是耶利米所反对的（耶卅七 5～10）。哀歌五章七节："我们列祖犯罪，而今不在了，我们担当他们的罪孽。"但耶利米与以西结都强调个人的责任，不为祖先的过犯担罪。耶利米书卅一章廿九、三十节都指出：各人只因自己的罪死亡。

---

④ Theophile J. Meek, "The Book of Lamentations," *The Interpreter's Bible*, vol. 6, 4.

⑤ *Loc. cit*.

⑥ S. R. Driver, *An Introduction to the Literature of the Old Testament* (1913), 462.

　　从情绪方面看，耶利米比较冲动，而哀歌内容显示作者十分冷静，对当时的情势细心分析，又着重诗歌的优美形式，不受情绪所扰。

　　在用字方面，耶利米的文体平铺直叙，没有什么罕用的字句，哀歌的用字甚多罕用的，在二章十五、十六节以及四章九节和五章十八节的关系代名词（relative pronoun），在耶利米书中从来不曾出现过。在哀歌第一章至第三章，"主"的名称不与耶和华一同提说，共十四次。但在耶利米书中，"主耶和华"这样的称呼却常出现。⑦

　　哀歌的诗人对巴比伦的憎恨，出现在字里行间（参三 64～66），应予报复。但耶利米对巴比伦没有报复的心理，因为在他看来，神藉着巴比伦来刑罚他的子民（耶廿四 5，卅二 5，卅八 18），虽然他也深信巴比伦最后必受刑罚（耶廿五 12，五十 1～五十一 58），但口吻不同。⑧

　　有的学者认为哀歌可能不是一个作者。哀歌第一至四章都是字母排列的离合诗（acrostic poems）。在耶利米书中从未有这样的体裁，甚至在哀歌中，这种诗体也不统一。第二章与第四章相同，第一章被视为单独的。第三章与第五章较为近似，但体裁完全不同，第三章字母以三行为一单元，廿二个字母有六十六节。但第五章根本不是离合诗，虽仿照廿二节为一章，却并非以廿二个字母排列，而且每节比较短。文体方面将另行论述。⑨

　　本书作者虽为历代学者所质询，自十八世纪起（1712 年），⑩发展至十九世纪更为强烈。⑪ 日期方面自公元前 587 年圣城毁灭，说法不同，甚至将第四、五章日期定为马加比时代，则为公元前第二世纪中叶。⑫

---

⑦ Meek, *op. cit.*, 5; Driver, *op. cit.*, 463.

⑧ F. B. Huey, *Jeremiah*, *Lamentations*, The New American Commentary 16, 443.

⑨ O. Eissfeldt, *The Old Testament: An Introduction*, tr. P. R. Ackroyd (1965), 504 - 505; A. Weiser, *The Old Testament: Its Formation and Development*, tr. D. M. Barton (1961), 306 - 307; R. H. Pfeiffer, *Introduction to the Old Testament* (1948), 722 - 723; H. L. Ellison, "Lamentations," *Expositor's Bible Commentary*, vol. 6, ed. F. E. Gaebelein (1986), 716.

⑩ Hillers, *op. cit.*, XIX.

⑪ H. Ewald, *Die Psalmen und die Klagelieder* (1866).

⑫ S. A. Fries, "Parallele zwischen den Klageliedern cap. IV, V und der Maccabäerzeit," *Zeitschrift für die alttestamentliche Wissens-chaft* 13 (1893), 110 - 124; S. T. Lachs, "The Date of Lamentations V," *Jewish Quarterly Review* 57 (1966 - 1967), 46 - 56.

但无法有充分的理由,完全否认耶利米为作者,既然有传统的说法,不可能全无依据。哀歌的诗人必亲眼目睹耶路撒冷城倾倒的凄凉景况,有那么深沉的感受,爱国家、爱人民的情怀无法释然。这些都是耶利米的特性。

虽然耶利米描述圣殿为贼窝(耶七11),这只是他严责的气愤话,事实上他仍重视圣殿,正如哀歌所表达的(哀二1、6),何况耶利米曾借重文士巴录的手来记录与论述,执笔者与传讲者的口吻与笔调,未必完全相同,此处可有一假设:哀歌的原作是出于耶利米,他并未执笔,只是口传,以后另有人如巴录那样执笔写作。那人比巴录在文学上更有造诣,在作诗方面功力也深,或者还有后世的编辑,加以补充与润饰,都有可能。即使本书的作者并非耶利米,但能否定本书不是神的启示吗?

叁 体裁与结构

本书的结构十分巧妙与精密,共有五首诗,每章一诗,各自成为单元,可以独立,不必寻索上下文的连续性。其实这五章虽各成单元,而主题只有一个:哀悼耶路撒冷沦落,主题相同,观点并不完全一样。[13] 有的是个人的哀悼,有的却是民族的。诗体都取哀歌的形式,在韵律方面都是三比二(Qinah meter)。[14] 通常每节有两短行,成为一整行或一节,前半为三拍,后半为二拍,带有非常悲哀的情调。

这五首诗有个人的哀歌,团体的哀歌,殡丧的哀乐。其余尚有智慧文学的意味,感恩诗的语调,真是包罗万象,十分丰富。[15]

本书结构最大的特色,为字母排列的离合诗。在第二首至第四首,两个字母的次序调转(c,p),原因何在? 无法解释。第五首并非离合

---

[13] N. Gattwald, *The Hebrew Bible: A Socio-literary Introduction* (1985),542.

[14] K. Budde, "Das hebraische Klagelied," *Zeitschrift für die alttestamentliche Wissenschaft* 2(1882),1 – 52,3(1883),299 – 306,首先发现哀歌的韵律。又 W. H. Shea, "The Qinah Structure of the Book of Lamentations," *Biblica* 60 (1979),103 – 107.

[15] O. Kaiser, *Introduction to the Old Testament*, tr. J. Sturdy(1975),356 – 358;E. Sellin, and G. Fohrer, *Introduction to the Old Testament*, tr. D. E. Green(1968),296 – 297.

诗,而且也没有哀歌的韵律,可参照诗篇一〇三篇。廿二节似为仿效离
合体的长度。离合体可能有几种用意。首先是指完整性,全部字母,包
括一切,可能表明全部的悲哀情怀,认罪是全然的,得洁净也是彻底
的。[16] 字母诗另一种用意,为强调字母的神圣,在犹太人传统,认为字
母也代表数字,都是十分神圣的,似乎强调哀歌中每句话每一行,都是
人向神的哀告,神因此向人启示。离合诗还有一个目的,为助记忆之
用,照着首字在该行,从首字以第一个字母,可以循序记忆与背诵,得以
连贯,好似将珠宝串在一起,成为一串项链。

离合诗除本书以外,尚有那鸿书一章二至八节(虽不完整),又有诗
篇九至十篇,廿五篇,卅四篇,卅七篇,一一一及一一二篇,一一九篇及
一四五篇;箴言卅一章十至卅一节。诗篇一一九篇可与本书第一至第
四首比美。本书第三章,以每一字母重复三次,则成为六十六节。诗篇
一一九篇,每八行重复同一字母,共有一百七十六节,更为壮观。

本书虽有学者将这五首诗拆开,分别处理,但以结构而论,是合
一整体的,因为交叉的结构(chiastic)足资说明。第一首开始,第五首
结束,都同样作一般性的描述灾难的情况,可谓"甲₁"与"甲"。第二
首与第四首的叙述,较以细节描写毁灭与死亡,是"乙"与"乙₁"。第
三首居于正中,认罪与信靠神的慈爱,单独的成为"丙"。所以全书的
结构为:

$$甲 + 乙 + 丙 + 乙_1 + 甲_1$$

成为一个完美的圆周。

诚如上述,有哀歌之韵律:三比二。兹再详为分析。每一节拍都为
文意的单元,字短一拍,字长就为二拍。称起来前半行三拍,后半行二
拍,可谓全行三比二拍,照原文来计算节拍,极为明显,但任何译文都将
这些韵律失去了。[17]

本书叙述者似有不同的立场。第一、二章主角是锡安,诗人以第三
人称描写她的苦难(一 11b),之后是锡安本身在叙述(11b~22,除 17

---

[16] N. K. Gottwald, *Studies in the Book of Lamentations*, *Studies in Biblical Theology* 14
(1962),28,30.

[17] Robert Gordis, *Lamentations*,19,117 - 120.

节外)。第二章也以第三人称提说锡安(二1~10),之后诗人提说个人的悲痛(11~19节),称呼耶路撒冷为第二人称(13~19节),又不住转向神呼求(18及19~22节)。第三章以第一人称"我",叙述他个人的苦情(三1~39),之后是"我们"(40~47节)。于是又转向个人的哀叹(48~51节),他自身的忧苦十分难堪,又回到本章起先的语调(52~66节)。可见在个人哀歌之中,有认罪与祈祷。"我们"是会众的哀歌,指民族与社会的整体。以个人代表整个民族的群体,是一种"集体人格"(corporate personality),犹太学者称之为"流动人格"(fluid personality)。[18] 第四章与第五章,不再将犹大与耶路撒冷人格化。四章一至十六节以第三人称描绘锡安居民的疾苦,十七至二十节以第一人称论述失望的实况。廿一至廿二节反带出复兴的希望。以东的胜利必成为败亡的先声,锡安的罪已经得以救赎了。第五章以"我们"这第一人称复数,祷告呼求神,求神看顾败亡后受苦的人民。

论文体,再与其他著作比较。第一章、第二章以及第四章是十分典型的殡丧哀歌,可比较耶利米书廿二章十八节及撒母耳记下一章十九至廿七节,看民族整体的苦难,在阿摩司书五章一至二节。第三章基本上是个人哀歌,诗篇中不乏例证可援,如第五篇、第六篇、第七篇及第廿二篇。第五章是会众哀歌,如诗篇七十三篇、七十九篇。但专为城市被毁的哀歌,雷同的是美索不达米亚的文献。[19]

哀歌的内容,不仅是悲痛心情而发的叹息,也是十分无助中的求告。向神祈祷时直接的求问:"为什么?""到几时?"苦难的倾吐也是多方面的,包括疾病、孤独、羞辱、受逼害,甚至有死亡的威胁。哀歌是谁发出?向谁发出?为谁的陷害而发出?以色列发声哀叹,向神发出,为仇敌的迫害而发,这三者都包括在圣约的内涵中,以戏剧的方式来表

[18] Gordis,"A Commentary on the Text of Lamentations," in *The Seventy-Fifth Anniversary Volume of the Jewish Quarterly Review* (1967),267 – 286.

[19] Hillers, *op. cit.*, XXVIII - XXX; T. F. McDaniel,"The Alleged Sumerian Influence upon lamentations," *Vetus Testamentum*, 18 (1968),198 – 209; W. C. Gwaltney, *Scriptures in Context* II (1983),191 – 211.

达。⑳ 以色列与神的圣约有关,外来的侵扰竟然威胁圣约的百姓,他们必祈求圣约的神,来干预与拯救。哀歌内容有悲叹也有怒气,可见是十分复杂的情怀。这样看来,哀歌不是在无助中消极的呼喊,而是在盼望中积极的正义之声。当然在正义之声之前,先有痛心的认罪,求神赦免,才可求神施展公义,罚恶除异教之民。这是在文体详鉴的研究中所得的结论。⑳

肆　特殊的文体

本书文体主要的特色有两点,哀歌的形式以及字母离合体的诗文。除这两特色之外,还有若干特殊的文体,值得注意。

(I) 角色与发言

本书虽为诗文,但其中有谈话的口吻。诗人设法越过个人的观点,而从不同的角度表达迥异的见解,好似戏剧中不同的角色:以谈话的方式表现。⑳

最显著的角色,是耶路撒冷,在一章九节下、十一节下至廿二节以及二章廿至廿二节。耶路撒冷圣城成了人格化,表露她内里的哀伤。圣城不是以群体的身份来发出埋怨,没有政治的立场,她只是一个妇人,吐露悲痛。

第二个角色,与耶路撒冷针锋相对,是报导者的声音。这声音予读者的印象,是本书的作者诗人原本的话。但这样说法未免过分简化,并不十分正确。读第三章至第五章,似可作进一步的辨别。此处的论调

⑳ C. Westermann, *Praise and Lament in the Psalms* (1981); W. Brueggemann, "From Hurt to Joy, from Death to Life," *Interpretation* 28(1974),3-19; "The Formfulness of Grief," *Interpretation* 31(1977),263-275.

⑳ H. Wiesmann, "Das Leid im Buche der Klagelieder," *Zeitschrift für Aszese und Mystik* 4 (1929),109.

⑳ William F. Lanaban, "The Speaking Voice in the Book of Lamentations," *Journal of Biblical Literature* 93(1974),41-49.

比较客观,诗人虽然诚挚,却没有将自身真正投入,只以冷静的观察,有不同的属灵的感受。

这个角色是一个观察者,看耶路撒冷城荒废的惨状,居民已经离弃,仇敌再加蹂躏,好似一个寡妇沦为奴隶(一 1)。通往锡安与城门的路,不再有拥挤的车辆。以前城内有熙攘的群众,现在已经僻静,这城的荒废,说明城在神刑罚的旨意之下(5 节)。发言者比较往昔的荣华与现今的荒凉,有无限的感慨。

耶路撒冷城向来被人所尊荣,现在人们都不屑一顾。圣城好像一个赤裸的女子,衣衫破旧(8~9 节),备受凌辱(10 节)。居民在饥馑中发昏,不惜易子而食。耶路撒冷不再有圣城的荣华,好像妇女失去尊贵一样,只有羞辱,诗人寄以无限的同情。

在第二章(第二首诗),报导者与耶路撒冷城二者的声音交叉地发出。耶和华好似战士攻破犹大的营垒(2 节),军队溃败(3 节),神忿怒的火焚毁他的百姓,并以仇敌的刀剑除灭他们(4~5 节),耶路撒冷的城墙已经倒塌(7~8 节)。首领被掳,先知没有异象、信息,百姓失去希望(9~10 节)。此处说话的口吻有所改变。报导者没有照着情况的演变依次描述,却强调灾祸对人们的影响。

在耶路撒冷城,没有宣讲的声音,各人只静默地坐在尘埃中举哀。报导者表露他无限的同情,他伤痛地看着饥饿的孩童在垂死中挣扎(11~12 节)。他的痛苦已到了极深的地步,似乎无法再详尽地描述了。接着又重述过路人的讥笑,重复第一章(8 节)的叙述。报导者引发耶路撒冷城的哀悼。

耶路撒冷城的声音,表露沦陷的城之哀恸,她在哀求神的怜悯,人的同情。她的战士已经阵亡,她是以母爱的悲伤在哀悼(二 15~16),她承认自己的愚昧,离弃神而与外邦人苟合(18~19 节),结果人民受苦而仇敌幸灾乐祸(10~21 节)。她不求神的拯救,只求神等量地刑罚仇敌(22 节)。

耶路撒冷城的哀悼,与报导者所举的例证与意象,有尖锐的对比,因为她身临其境,直接的感受更加痛苦。报导者客观的观察,与耶路撒冷城的主观经验究竟不同。她自行责备,并没有减少她的痛苦,过路人的讥笑更增加她罪愆的痛苦。报导者虽寄以同情,却使她的痛苦更加敏锐。她的祈求，并不求助，她求神在忿怒之余，施以怜悯（二 20～22）。

在第三、四章的声音又不同了。第三章是战败的兵士说话，他虽经百战，但失败的原因是官长的错误，事实上是神不再看顾，以致军队一败涂地（一 15，二 3～5、22）。他受尽疲累与饥饿（2 节），被掳后又饱受艰苦与惊恐（4～5 节），陷在完全失望的地步。他虽然失望，但并未失去信心，他认为战败不是全然的，神在过去曾施恩，神的恩典并未离去，至少他还能存活（13 节），所以要与其他战士一同认罪悔改，求神再向仇敌施报（22 节）。在整个战败的过程中，他却不能承认，他应负完全的责任，他究竟还是牺牲者。这是回应耶路撒冷城的哀恸，是以主观的感受，十分激动地吐露痛楚，寻求怜悯，这两者的声音与报导者不同，因报导者客观的分析与描述，同情是有的，那只是一面镜子，照出实情。第四章谈话的声音与第三章不同，因为他像报导者，在描述中似乎有更多的苛责，虽然同情的口吻还是有的，但是分析多于感受（四 1～12）。他叙述民族生命整体的瓦解，连文化也解体了。他谈话的口吻是代表中产阶级的人士，他着眼在经济与社会的瓦解，他看罪恶恐怕还要发展，因此最后的话是咒诅以东与乌斯（21～22 节）。

本书第五章的声音是合唱，那是结合耶路撒冷的居民，表达他们群众的声音，他们并未综合以上四种声音，而有他们独特的声音。在形式上也不同，不再是用字母的离合体，在情绪方面也不一样，没有循序的感受，并非从震惊而疲累、失望而混乱，这只是一项宣告，群众公认耶路撒冷完全的毁灭。看来救助不会立即来到，但深信神不会永久弃绝他们，最后仍缩回刑罚的手。问题是耶路撒冷还会受苦多久呢？合唱以祈祷作结，仍怀着盼望与信靠：我们的神必不再怀怒。

(Ⅱ) 女性的意象

本书中，耶路撒冷城的女性角色说话及哀叹。如果说哀歌是耶利米的，这里真可发现耶利米书与耶利米哀歌有一共同处，耶路撒冷以女性的身份说明，锡安的女子在耶利米书四章十九至廿六节以及卅一节，发出疼痛的声音,仿佛妇人产难。㉓　在本书第一章,耶路撒冷好似不洁的妇女,她的污秽在衣襟上(一9)。第一章前半是报导者的话语,后半是锡安女子的声音(9下、11下～15下、16、18～22节)。耶路撒冷有不同的表象:寡妇(一1),王后(1节),女奴(进贡的,1节),被玷辱的(8节),伤心的母亲(16节)。她是不洁的人,如女子在经期,污秽在衣襟上。在用字上指经期不洁(hidda,可参考利十二2、5,十五19～26、33,十八19,二十21;拉九11;结七19起,十八6,廿二10,卅六17)。㉔

第二章谈论锡安是母亲,为儿女受苦甚至丧亡而哀伤。在本章的尾声,是母亲因丧子之痛而哭泣。十三节耶路撒冷的民以及锡安的民,"民"字原文为"女子",指居民都遭灾殃,甚至包括婴孩与幼童,两次重复(11、19节)。严重的饥馑中,人们易子而食,使母亲的心伤痛欲绝。这样的惨况是无可设想的,母亲锡安真以耶和华为屠夫吗?(20～21节)本书这两章似乎说尽女子的悲哀,来描述锡安的苦难。

女子善哭,本书诗人一直为失国之痛哀哭。二章十一节:"我眼中流泪,以致失明;我的心肠扰乱,肝胆涂地!"流泪是情绪冲动的表现,这冲动会影响内脏,甚至肝脏都会破裂流落,可知情形的严重。参考五章十七节:心里发昏,眼睛昏花。诗篇卅八篇十节:心跳力衰,眼中的光就散失了。这样情绪使内脏衰弱,直接影响眼睛。眼泪的来源是在肝脏。诗篇卅一篇九节:眼睛因忧愁而干瘪,足见眼泪与身体其他部分影响之大。㉕

耶利米哀歌一章二十至廿二节,提到心肠的扰乱,充满痛苦。流泪哭泣(2、16节),心肠不安(20、22节),叹息不已(8、21、22节)。耶路撒冷痛哭,无人安慰,妇人的情绪脆弱,在苦难中身心俱乏,内心的痛苦不能压抑,就忍不住哭泣起来,这是有一连串的内心的反应(20节)。在二章十九节,倾心如水,心的破碎,化为眼泪一般的水,涌流不止,可说

㉓　参考经文:赛十三8,廿一3,廿三3,廿六17～18,四十五10,五十四1,六十六7～8;耶六24,廿二23,五十43;弥四9～10;诗四十八7,用字为ḥwl。

㉔　Barabara Bakke Kaiser, "Poet as 'Female Impersonator': The Image of Daughter Zion as Speaker in Biblical Poems of Suffering," *Journal of Religion* (1985), 164 - 182.

㉕　Terence Collins, "The Physiology of Tears in the Old Testament," Part I,' *Catholic Biblical Quarterly*, 33(1971), 18 - 38, especially 24 - 25.

是描述流泪的过程。二章十八、十九节是十分典型的描绘。眼泪是发自内心而由眼睛流出来。流泪不止竟可成为河流。夸大之词，却说明悲痛的极度。

锡安是妇女，可能有经期的不洁，有产难的痛苦，有丧子的哀伤，有哭泣的表达。诗人就以这意象来描述哀痛的情怀，实在表现得淋漓尽致，在旧约中常有这样的描绘，而在耶利米哀歌，有最典型的例证。

在本书如此简短的篇幅，提到女子（bath）或处女（bethulah bath）竟有二十次之多。在旧约其他部分总共四十五次，可见本书用字有特殊的作用。耶利米书有十六次，但八次是"我民的女子"。以赛亚书廿二章四节译为"我众民"，小字"原文作民女"。

本书提到锡安的女子七次，锡安的处女一次，我民女子五次，犹大女子两次，犹大处女一次（犹大女子与犹大处女在旧约其他经文中从未出现）。耶路撒冷女子两次，以东女子一次。这是诗歌特有的形式，以城市为女子。又因音韵用"女子"一词较为适合。当然以女子为诗的意象，十分秀丽与生动，值得称道。

以城市为女子，是指居民整体，这也是应注意的。中英文译词大多译为"民"，指居民，但美化以女性的意象并不可否认。在犹太出版社新译本（Jewish Publication Society Version）译为"秀美的锡安""秀美的女子犹大"，确有其用意所在。

旧约固然以男性为社会的中心，但是重男轻女的情形，在希伯来社会，不若异教的环境那么恶劣。圣经仍尊重女性，尤其重视女性的柔情。论悲苦的情绪，常提及女性，论母性的伟大，都是值得读者注意，而且欣赏的。本书特殊的文体，有女性的意象，可见一斑。

（Ⅲ）配对的用语

本书除哀歌形式的韵律之外，以离合诗为架构，再者不少交叉的构造，文体十分秀美。有些主要的用语重复甚多。但有若干用语，只重复

一次,为作配对之用。以下是若干例证。㉖

　　第一章一节:"独坐"与"寡妇"并非同样的字,却有类似的用语,中英文译词不易表明,但两者都有"独自"的含义。七节与十二节都有"困苦"或"苦"的字。"困苦"在三章十九节再出现,成为配对的用语。七节的"古时",在二章十七节也有这字样,成为配对。又"嗤笑",配对的字在三章十四节"笑话"。

　　十二节:"你们要观看",在二章二十节:"求你观看!"有的用语完全相同,如"独自""大""古时",有的在形式上稍有更改,而有的只是普通的用字,如"苦""乐""歌曲"等。但有的用语非常特殊,为旧约其他经文中所没有的。

　　这种配对的用语,约占全书百分之四十,可列举一百八十三次之多。㉗ 有的配对是在同一章内,如"朋友"(一 2、19,中译本作"亲爱的",即朋友);"叹息"(一 4、11);"被敌人掳去"(一 5、18);"无力"与"力量衰败"(一 6、14);"我的痛苦"(一 12、18);违背(一 18、20)。第二章也有些配对的用语,如"不顾惜"(二 2、17);"保障"(二 2、5);"首领"(二 2、9);"角"(二 3、17)。第三章也有若干例证:如"苦楚"(即茵陈)(三 5、19);"围住""挡住"(三 7、9);"祷告"(三 8、44);"有指望"(三 21、24)。

　　有的配对不在同一章,却可联起来,如"夜间痛哭""流泪昼夜不息"(一 2,二 18);"古时"(一 7,二 17);"你曾盼咐"(一 10,二 17)。"过路的"(一 12,二 15);"你要观看……"(一 12,二 20);"我的处女和少年人",少年人也译作"壮丁"(一 18,二 21);心肠扰乱(一 20,二 11);"你怎样待我"(一 22,二 20:"你向谁这样行……")。

　　根据以上的分析,可有几项结论:

　　(一)作者以配对的用语,发展特殊的文体。离合体较为严谨,不若配对的用语那么生动,配对的只重复一次,在相对的形容下,前后响应,似乎更加有力。一章一节"独坐",是指耶路撒冷被毁之后成为荒

㉖ David Marcus, "Non-Recurring Doublets in the Book of Lamentations," *Hebrew Annual Review* (1987), 177 - 195.

㉗ *Loc. cit.*, especially 184 - 195.

凉,似在单独的苦难之中。三章廿八节再重复,似指大多居民均失散,好似寡妇失去丈夫一般。寡妇的形象指圣城不再被保护。在本书几乎每节都有配对的用语。

(二)配对的用语证明经文的可靠性,可以避免不必要的经文评鉴与修正。在另一方面,在经文评鉴的过程中,有些修正仍是必要的。由于这种特殊的文体,就有所遵循,使难解的经义可以迎刃而解。有些可能应另作配对的用语,以致划一。

(三)由于配对的用语不都在同一章内,而是散见在另外的几章,这样就说明本书的合一性,只出于一位作者。两章经文的配对用语,较为难以解释,即在第三章与第五章。第三章的离合体较长,而且内容甚多是重复第一、二章。在哀歌方面有的是个人的,有的是集体的。第五章不是离合体,哀歌的韵律也不是三比二的(qinah)。哀歌不是个人的,只是集体的,而且大多是祈祷的形式。但是有两点值得注意。第三章仍与第一、二、四章甚有关联。第五章的文体不同,但内容仍与其他几章相关。

第三章与第二章就有不少配对的用语:"忿怒"(或发怒)(三1,二2);"折断"(三4,二9);"张弓"(三12,二4);"衰败"(三18,二8);"独坐无言"(三28,二10);"毫不顾惜"(三43,二21);"仇敌都向我们大大张口"(三46,二16);"多多流泪"(三49,二11)。

第五章与第一章也有配对的用语,兹援例如下:"好像寡妇"(五3,一1);"颈项"(五5,一14);"变为"(五15,一20)。

第三章与第五章的配对用语,也可举例一二。"记念"(五1,三19),"玷污"(五11)与"使人受苦"(三33)是同一个字(innû, innah),"作乐""歌曲"(五14,三14),"回转""归向"(五21,三40),"渣滓""弃绝"(同一个字 ma'os,五22,三45)。若干在其余几章的常用字,也出现在第三章及第五章。

以上论述的,仍无法确定本书的作者是谁,在不排除耶利米为作者之外,文体的特性也极像申命记、以赛亚书、以西结书以及诗篇。作者的文体,显然采取传统的格调,如字母离合体、谐音、交叉的结构,配对的用语尤其特殊,诚如以上所述。

伍　信仰的重点

本书有十分确实的历史背景,在哀叹以色列民族悲惨的命运,必表露了作者神学的思想和信仰的内涵。

历史的浩劫,无疑给予以色列的信仰严重的挑战与考验。耶路撒冷是大君的京城,这是大卫王所建立的,以耶和华与以色列的圣约为依据,在圣约之下,以色列为耶和华子民,必恒久地受耶和华的保护。圣约也是耶和华和大卫所立的,应许大卫家有永远的王位。大卫家的君王历代都在耶路撒冷作王,都在神的恩眷之下。耶路撒冷不仅是京城,也是圣殿的所在地。大卫王以前攻取了锡安的保障,锡安山成为圣山,因为神的殿建立在那里。这是神的居所,神在锡安作王。锡安与耶路撒冷成为同义字,常相提并论,成为民族神学(National Theology)的依据。公元前八世纪的先知以赛亚认为耶路撒冷永不受侵犯。他的愿望甚至盼望在这圣山,将来成为万民流归之目的地,是普世敬拜的中心(赛二章),这愿望是在同时代的另一位先知——弥迦所拥有的(弥四章)。但是弥迦还有另一方面的观察,认为圣约之民若不悔改,"锡安必被耕种像一块田,耶路撒冷必变为乱堆,这殿的山必像丛林的高处"(弥三 12)。这种耸人听闻的言论,在百余年后发生。耶利米预言耶路撒冷被毁,几乎为人所杀,之所以未被处以极刑,因当时长老引述弥迦的话。但是耶利米仍被视为叛国之徒,反而假先知哈拿尼雅极受人们欢迎,因为他坚持民族神学,认为耶路撒冷必蒙耶和华眷顾,可参考耶利米书廿八章。耶利米的悲情,在这种处境中,真是无以复加。历史的事实终于证实他的预言信息。神公义的审判,必然临到选民以色列,因为神的审判要从神的家起首(彼前四 17 曾有说明)。耶利米是否哀歌的作者,这一问题并不重要,但先知的悲情已经十分具体地表达了。即使哀歌的作者另有其人,他(或他们)都有与耶利米共同的悲情。

以色列被掳的经验,在信仰来看,是十分难堪的事,异族的统治者可以趾高气扬,征服者大可大言不惭地称扬他们的神明,因为他们的神明已经将以色列的神耶和华击败了。他们以讥刺的口吻说:"你的神在哪里呢?"(诗四十二 3)在信仰上难堪,却为情势所必需的(theological embarassment，but existential necessity）。神藉着历史的处境来教导先知与民众，使他们信仰的视野得以扩展。耶和华不仅是以色列的神，也是普世的神。他的权能统管万有，他的救恩是普世的。神的宝座不仅在耶路撒冷的圣殿，更在各处，甚至在异邦（污秽之地），他的宝座仍巡行着（这是以西结所体验的，记述在以西结书第一章）。可见耶利米哀歌不只是民族的哀歌，也成为世界希望之先声。由哀歌的阴暗面，看见歌颂的光明面。

本书无疑有论述苦难的问题，如约伯记一样，但不同于约伯记的是，本书有历史的背景，着重历史与神学的观点，所涉及的范围更广更深。本书论述苦难的问题，当苦难成为"问题"，就有深究的必要，可能成为信仰的阻碍与威胁，因为苦难不易解释。以色列因离弃神而遭刑罚，这是公义的原则。然而公义若真的罚恶，以色列人固然是罪有应得，但侵略以色列的外邦人呢？他们并未因罪而受刑罚，这就成了难解的谜。在旧约的先知书内，屡有如此困惑的说法，哈巴谷书就为一例，在以色列民族历史的信仰上，这始终是不能解开的情结。这是本书设法阐明并澄清的问题。以色列始终在历史与信仰二者的张力之间，在一方面以先知的观点看历史的演变。在另一方面，以智慧文学特殊的格调来引导一种属灵的思想：神的作为是神秘的，无可猜测。

本书论苦难，不只是悲情的流露，或对痛苦的抗议与坚拒，而是在挣扎中寻求出路与答案。这正如主耶稣钉在十字架上，钉死的痛苦，荆棘冠冕的刺痛，以及讥笑之人狰狞笑声都在刺痛受苦的心灵。但是主最大的剧痛，是心灵的孤寂，无可忍受。本书也表露了那种深刻的被弃的孤寂感受。苦难似胁迫人信心的生活，对神在历史中的目的也是十足阻碍了。这里只有十字架，仍看不见复活，只有像主那样呼叫："我将我的灵魂交在你手里。"在本书第三章，属灵的挣扎已到极点，而扶摇直上，高达成就的地步。

有关苦难的问题，本书并不作抽象的推论。这不是一部宗教哲学的书，而是教牧推讨的专论，人面对的苦难，是在这种经历中寻求发展与改善，求进的态度力是本书作者所着重的。受苦有几种不同的性质与类型：受苦为赎罪（Expiatory Suffering，Erziebungsleiden），受苦得重生（Conversion Suffering，Bekehrungsleiden），受苦得洁净（Purifying Suffering, Läuterungsleiden)，受苦学谦卑（Humbling Suffering, Demütigungsleiden)，受苦为服事（Serviceable Suffering, Dienstleiden)。[28] 这些是否可将本书受苦的道理整合起来？但这样分析，仍是有助于了解本书的内容。

本书的神学信仰，似在申命记的传统观念与历史逆势二者上有极大的矛盾。根据申命记信仰的传统，顺者福，逆者祸。以色列受祸固然是罪有应得的，外邦兴盛却不说明他们对真神的顺服，这是本书反复论述无法释怀的疑难，这种逆势一直无法化解，却有另一番的转变。在逆势中转变（tragic reversal)，[29]是在逆势到达极端，转变为另一种气象，可说是悲极生乐。这是在完全无望中突然峰回路转，豁然开朗，完全出乎人的想象。

本书有殡丧之歌的形式，丧歌常有两种内容，一方面歌功颂德，凭吊已逝者，述说他的行谊，语多赞赏。如本书四章七节（参赛五十二 14，五十三 2)，述身体之秀美。他曾有优越的生活，美食及华美的生活，如在四章五节（结廿七 3 起）。他的出身尊贵（结十九 2、10)，地位崇高（撒下一 21;结卅二 27)。他的逝去是无可补偿的损失（撒下一 19;结廿七 32;赛十四 10)。丧歌在另一方面是哀叹现今的惨状:死亡的命运无可避免（耶九 21;摩五 2;结十九 9、14)，死亡之谜无可解释（撒下三 33)，存留者的无望与无助（哀一 1)，死亡的可怕无可言状（耶卅八 22;撒下三 33;哀一 19，二 11、21，四 5)。仇敌幸灾乐祸（撒下一 20)，都是十分难堪的经验。在旧约中最长的丧歌是大卫哀悼扫罗与约拿单（撒下一 17～27)，这首歌几次反复哀悼"英雄何竟仆倒!"(19、25、27 节)，追述往昔的友情而深感哀伤。这里的逆势屡经重复，却没有转变的迹象，这也应是耶利米哀歌的语调。

本书的逆势只有每况愈下，锡安城的威荣全都失去了（一 6)。这正如约拿单被杀，他作为以色列的尊荣者不复存在（撒下一 19)。耶

---

[28] Bachja Bayer, "Book of Lamentations," *Encyclopedia Judaica*, vol. 10, cols 1368 - 1376, especially 1375 - 1376.

[29] William F. Lanahan, "The Speaking Voice in the Book of Lamentations," *Journal of Biblical Literature* 93(1974), 41 - 49.

路撒冷过去的荣华已经消失。第二首转述逆势,明亮的晨星已经殒落(赛十四12)。在二章一至三节,都是叙述逆势。耶路撒冷原被称为完美,全地所喜悦的,已早消失了(二15)。圣城向被称为华美,为全地所喜悦的(诗四十八2,五十3;结十六14;推罗也被如此称许,见结廿七3、4、11、24,廿八12)。逆势在本章的结语中,更不再描述主发怒的日子,在往昔的回忆中面对现今,只有逆势。逆势的转变在第三首诗,平安、盼望与荣耀再度出现。个人的哀歌仍在本诗出现。

逆势在第四、五首诗依旧反复出现,神忿怒的杯一直在传递着,不仅在锡安,也在以东。神忿怒的杯,在先知著作中是常提的(哈二16;结廿三31~33;赛五十一17,22~23)。以东代表以色列的众仇敌,仇敌遭报,逆势就有转变的迹象。

抚今追昔,是本书信仰思想中一直反复的,充满了罪愆与自责,仇恨与报复,等候耶和华的日子。但是作者坚持耶和华的公义与慈爱,过往的尊荣与现今的苦难,是逆势不断的发展。将来呢?仍回到过往的荣美(三31~36,四22,五21)。现今的苦难足以令人悲叹与哀痛(一8、12、17~18,二13、18~22,三19、43~51,五1、20)。这种逆势必然转变,复兴的应许不会落空,盼望的因由是有的(三20~36,四22,五21)。耶和华仍是历史的主宰,他在历史中的目的一定会达成(三31~36,五19)。可见本书并非全然是哀歌,在悲情之上,有无限信心的展望。

陆 神学正反观

先知神学,常可从正面与反面来观察。先知以神的公义来看历史的进展,觉察审判即将来临。神的公义必须伸展,历史每一危机都是审判(Crisis:原意为审断)。但是审判不是最后的,因为神在历史的目的,不是审判,而是救赎。所以在失望中仍有希望,苦难之后必有复兴。神学在反面看是灾祸,在正面看是复兴的希望。

(Ⅰ) 灾祸神学

耶路撒冷沦陷,引起希伯来宗教再思的必要,因为这经验实在有太大的冲击。[30] 这历史的危机是空前的,在四百年的列王时期,除在公元前 935 年示沙克(shishak)之外,圣城从未被侵占、被毁坏,其中神权政治从未受过干扰。现在先知的宣告之下,君王与首领被掳,城被攻破,又有杀戮与饥馑。这样的灾祸对以色列历史性的信仰可说是致命伤。研究被掳时期的文学著作,可以看出以色列人强烈的反应,耶利米哀歌所描述的完全没有夸张。这种悲哀的事情,在耶利米书中,已有生动的描述,哀歌所反映的情绪,似乎更加剧烈。耶和华管教他的子民,令人震惊(一 13~15,二 1~8,三 1~19)。目的在于强调灾祸的独特性,以色列完全与神隔绝了(二 1、6~7,三 17、18、31、33、49、50,五 20、22)。

有几段经文,论述苦难的独特,以过路人看耶路撒冷惨状,可说是非常有力:

"你们一切过路的人哪,这事你们不介意吗? 你们要观看,有像这临到我的痛苦没有? 就是耶和华在他发烈怒的日子使我所受的苦。"(一 12)

这些呼声固然有文学的格调,但是从描述的生动可以看出,真正身临其境才会有那样深切的哀痛。这就说明基督徒为什么引述本书,足以体味主耶稣钉十字架的悲痛。那样孤独与剧痛,发出的哀号:"我的神,我的神,为什么离弃我?"

在第二首诗,耶和华毁灭的行动那么可怕,哀号的话令人震惊:

"耶路撒冷的民哪,我可用什么向你证明呢?

我可用什么与你相比呢? 锡安的民哪,我可拿什么和你比较,好安慰你呢?

因为你的裂口大如海,谁能医治你呢?"(二 13)

---

[30] James Muibenburg, "The History of the Religion of Israel," *The Interpreter's Bible*, vol. I, 331.

耶路撒冷的灾祸,只有以神秘的混乱的海之深处来形容。没有先知(二 14)、过路人(二 15)、甚至仇敌可除去她的伤患。事实上他们好似在伤患处用盐来抹擦,只会增加更大的痛苦。一切人为的帮助都失去效用,诗人紧急地呼吁锡安:

　"锡安民的心哀求主⋯⋯

　夜间,每逢交更的时候要起来呼喊⋯⋯

　你要为他们的性命向主举手祷告!"(二 18～19)

在这种情景之下,危难并没有驱使诗人走向无神论及不可知论。他们继续在探索受苦的意义。自第八世纪起,所多玛、蛾摩拉一直代表受审判的城市。但是现在的耶路撒冷有过之无不及。以西结竟称耶路撒冷为娼妓,可见时势的严重。

耶利米哀歌论罪恶的刑罚,是根据申命记的信念:神本来就以公义管教属他的子民,是有根据的。诗人不住地承认以色列的罪,不是一两次,而是多次重复,而且以十分诚挚地认罪,可见罪实在是灾祸的原因。哀歌五首诗都充分说明先知信息的重要(三 14)。有罪的人民必须听取警戒。

罪愆的感觉与责任,以不同的方法来表达。有的是描述城市的情况(一 5、8、9,四 6、13),有的是直接向城市宣布(二 4,四 22),有的是城市自身的认罪(一 14、18、22,三 42,五 7、16)。认罪是需要的,不然怎会有赦罪的恩典呢? 箴言廿八章十三、十四节:"遮掩自己罪过的,必不亨通;承认离弃罪过的,必蒙怜恤。常存敬畏的,便为有福;心存刚硬的,必陷在祸患里。"这可说是圣经论公义的原则。

论罪,除了一次以外(五 7),责任似应以当代的以色列人来担负。论列祖的责任,大多是指首领、祭司、先知与贵胄(创四十五 8,士十七 10,十八 19;撒上廿四 11;王下二 12,三 13,六 21,十三 14;代下二 12)。

罪与苦难是等量的,耶路撒冷的罪其实比所多玛更加严重(四 6),罪使她被压伤在地(一 14),她的叛逆使耶和华无法赦免(三 42)。她的罪污秽不堪,好似麻风病一般(四 13～15)。以色列主要的罪是叛逆,这是众先知所责备的,如阿摩司、何西阿、以赛亚与耶利米。罪是违背神的诫命(如耶四 14,十三 23,十七 9、10,卅一 33～35)。诗篇中认罪不多,都十分真诚(诗五十一,一三〇篇)。

哀歌中有一宗罪特别提出,是祭司与先知在引导人民时不负责任。一方面只传和平与兴盛(二 14),另一方面他们实际参与欺压义人,流人血的罪(四 13)。但是这责任不但在宗教首领,也在一般的百姓。但是首领们应负更多的责任,他们的罪在于虚谎(二 14)。

在用字方面是以说明罪的严重性,[30]如"过犯"(pesaʻ)存心背道。罪(hetʼ)失败与缺欠(前者在一 5、14、22,三 42,后者在一 8,三 39,四 6、13、22,五 7、16),罪孽(ʻawon)弯曲与迷失。不符标准(二 14,四 6、13、22,五 7),苦毒(marah)顽梗与叛逆(一 18、20,三 42)。污秽(tumʻab)、不洁(一 9,四 15)。罪有的是出于无知与愚昧(šᵉghaghab),在先知书没有出现,在哀歌中也避免不用。

哀歌的作者强调以色列众人轻忽耶和华的话(一 18),这对社会生活有极大的危害(二 9、14,五 1~17),对以后的历史有很多后遗的恶果。违背神,实际是害己的,而且破坏整个创造的秩序。智慧文学对这一点有很清楚的交代。哀歌三章卅四至卅九节就是论创造主的作为是神秘的。罪违反神,破坏自然的秩序,也危害社会的安宁。

本书说明神的公义是报应的,神的忿怒不可避免。他的怒气(ʼaph)原意是鼻孔,呼吸及喘气(ʼanaph,一 12,二 1、3、21、22,三 43、66,四 11)。"怒气"的同义字为"火热"或"光火"(haran,harah),在本书三次都与"怒气"或"鼻孔"(ʼappa)并用(在一 12,二 3,四 11)。这字原意为"热"。另一个字为"爆发"或"充溢"(ʻebhrah,二 2,三 1),又有"生气"(zaʻam,二 6),"忿怒"(qasaph,五 22)。神的怒气倾倒出来(saphakh,二 4,四 11),"消耗"(kalah,四 11)又如"遮蔽"(sakhakh,三 43),又好似厚云,连祈祷都不能穿越(三 44)。

罪使神忿怒,这就带来刑罚,神藉外邦人来侵略以色列,神好似战士一般(参耶五十 9;赛四十一 2、25,四十三 17;结廿六 7,廿八 7)。[32]耶和华是毁坏者,这种观念简直令人难以置信。但是在阿摩司书(一 3~

[30] J. Philip Hyatt,*Prophetic Religion*(1947),57－60.
[32] Henning Fredriksson,*Jahwe als Krieger. Studien zum alttestamentlichen Gottesbild*(1945),23－27.

二 5），神降下审判的火，这是指军事方面，是指战火（参书八 8、19；士一
8，九 49，二十 48；撒下十四 32 起）。耶和华折断城门的闩（摩一 4 起，
赛四十五 2；诗一〇七 16）。在本书论耶和华是毁坏者，似比其他书卷
更为大胆。本书有四段经文（一 13～15，二 1～8，三 1～18，四 43～
45），都论审判的后果，令人惊惧。

在第三章，诗人以迅速的手法，描写耶和华审判的行动。将以色列
驱入黑暗（三 2），以手攻击他（三 3），消耗他的体力（三 4），围困他（三
5），使他住在死亡的幽暗之中（三 6），以石头挡他的路（三 7、9）。以
锁链围住他，成为重担（三 7），不听他的祷告（三 8），将他撕碎，好似野
兽（三 10、11），用箭将他刺透（三 12、13），以毒物害他（三 15），打断他
的牙（三 16），无怪他在失望中呼叫：

“你使我远离平安，我忘记好处。

我就说：我的力量衰败，我在耶和华那里毫无指望！”（三 17～19）
第二章诗人又缕述耶和华对付以色列的残忍。他使锡安的民在苦
难之中，将她从高处扔下来，不再有尊荣（二 1），拆毁她的住处，将君王
首领扔在地上（二 2），除去她的力量，将她交给仇敌，用火焚毁（二 3），
折断她的弓，杀戮她的儿女（二 4），拆毁她的宫殿保障，使她的悲哀更
甚（二 5），拆除她的帐棚，除去她的节期与安息日，废除君王和祭司（二
6），不再记念祭坛与圣所（二 7），连城墙都要哀哭（二 8）。耶路撒冷在
悲哀之余，向神提出抗议（三 43～54）。

灾祸无疑是神所设计的，但是复兴的希望仍旧没有消失。然而哀
悼没有停止（一 21，二 17）。锡安好似妓女那样蒙羞，也像麻风病患者
那样污秽（一 8、9、17，四 13～15）。她成为废物垃圾与渣滓，在以西结
书廿六章四节和本书三章数处有这涵义（三 14、45、61～63）。

哀歌中常有讥刺的口吻（taunt or mocking song），在本书二章十
五、十六节。最早的形式在民数记廿一章廿七至廿九节。以后的发展
也可在以赛亚书十四及四十七章，又在廿三章（七节）。这里表达的极
大的羞耻，不是个人的，而是群体的。以色列常以为耶和华是保护他们
的，神的公义只在仇敌身上，现在他们才发现，这样的说法未免太狭窄
了。这种普世的观念，甚至在被掳之后，仍未充分发展。这就是为什么

基督的十字架,对犹太人为绊脚石,[33]救恩怎么会是普世的呢？外邦人究竟是外邦人。但教会已经成为新以色列人。救恩是神的应许,必藉着以色列人,传遍在普天下。

哀歌的作者并不否认以色列蒙拣选的真理,但他强调以色列实在犯了太严重的罪,以致神的刑罚特别重大。外邦人虽为神刑罚选民的工具,但他们过分凶恶,决不是出于神的旨意。然而耶和华似乎暂且准许,以色列人必须忍耐,不可失去信心,多加省察,确认自身应负的责任,尤其因此看清普世的救恩,正如三章卅七至卅九节：

"除非主命定,谁能说成就成呢？祸福不都出于至高者的口吗？活人因自己的罪受罚,为何发怨言呢？"

哀歌论灾祸神学,必须论耶和华的日子。这是先知著作中十分强调的。[34] 阿摩司修正以色列人一般的观念：以为只有外邦人受罚。其实受罚的是以色列与外邦（五 18）。耶和华的日子是普世的,不分国族,所有的先知都作同样的论调（赛二 12；番一 10～12；结七 10；珥一 14；玛四 1）。何西阿、弥迦与哈巴谷并未提及耶和华的日子,但对神普世的刑罚仍同样着重。

哀歌也一样强调耶和华的日子,在二章廿二节："耶和华发怒的日子,无人逃脱,无人存留。"一章十二节："你们一切过路的人哪,这事你们不介意吗？你们要观看,有像这临到我的痛苦没有？就是耶和华在他发烈怒的日子使我所受的苦。"又可注意"他发怒的日子"（二 1、21、22）,都是强调耶和华的忿怒。

耶和华的日子,似与耶路撒冷陷落相提并论。这是本书的特色。本书的描绘是独特的,但是哀歌的作者也认为这日子就是历史的结局。当然圣城的沦陷并未结束历史的局势,历史仍在进程之中,于是作者看耶和华的日子,不仅即为过去的事,也会在将来实现（一 21）。耶和华的日子不能用时间来计算,时间只有人会感受,在神只有实现的动作。哀歌的作者认为这日子的过去与将来,前者指以色列,后者指外邦人,

---

[33]　Paol Minear，*Eyes of Faith*（1946）,270f.

[34]　J. M. P. Smith，"The Day of Yahweh," *American Journal of Theology* 5（1901）,505 - 533；Ladisla Cemý，*The Day of Yahweh and Some Relevant Problem*（1948）,98.

他们都遭神的审判。

耶和华的日子,表现他的作为,显露他的烈怒(赛十三6、9;番一18,二2,三9;结七19)。神发怒,使圣城遭灾与蒙羞,人民与圣地都遭玷污。

耶和华的日子,是以战争来描述。耶和华是战士,杀戮锡安的百姓(二4、5、21,三43),将在犹大居住的以色列人践在脚下,像在酒榨一般(一15),他降火烧毁(一13,二3~4,四11),吞灭倾覆(二2、5~6)。神用忿怒的脸面看人,以弓箭射伤、攻击(三2,参伯六4,十六12;申卅二22;诗卅八3,六十四8)。

耶和华的日子,在阿摩司的论述,描绘幽暗的景象(参赛十三9;珥二2、10;结三十3)。这在本书并不显著。在二章一节,主的怒气使黑云遮蔽锡安城。他将以色列的华美,从天扔在地上。在二章廿二节"大会的日子招聚人"是指节期的日子,却成为"耶和华献祭的日子"(番一7起),是指耶和华的日子,这是耶利米所描述的,四十六章十节:"那日是主万军之耶和华报仇的日子,要向敌人报仇。刀剑必吞吃得饱,饮血饮足;因为主万军之耶和华,在北方幼发拉底河边有献祭的事。"献祭成为末后的筵席(赛卅四5~7;结卅九4、17~20;赛廿五6~8;路十四15~24;太七11,廿二2~14)。[35] 耶和华的日子若果真是向外邦人报仇的日子,才应大事庆祝的了。但是遭报的不只是外邦人,也是以色列人。外邦人遭报是必然的,作者愤慨地说:"听见我叹息的有人,安慰我的却无人! 我的仇敌都听见我所遭的患难,因你作这事,他们都喜乐。你必使你报告的日子来到,他们就像我一样。"(一21)耶和华已经宣告,可见神不仅施报,也说明他忿怒的原因。[36] 耶和华既统管全地,必以公义审判。耶利米书廿五章廿九节:"我既从称为我名下的城起首施行灾祸,你们能尽免刑罚吗?"这是对外邦人说的。

以色列受罚,并未除去世界的罪恶,反而助长他们作恶(一21,二7、15、16,三59~63,四18、21,五5、11、12)。然而以色列却因这经验,

---

[35] Stanley Frost, *Old Testament Apocalyptic*: *Its Origins and Growth*(1952),52,90,152f.

[36] Paul Heinisch, *Theology of the Old Testament*(1950),201;H. G. Mitchell, *The Ethics of the Old Testament*(1912),235.

有了新的体认,灾祸本身是毫无建设性可言,但是接受灾祸,认清神的旨意与作为,不能完全明白,却承认神的旨意。这是信心的功课。

(II) 希望神学

希望在先知著作中似不存在,因为先知的信息常多谴责与失望。这是一般读者的看法,但是近年由于学者悉心研究,认为先知文学中仍是有希望的内涵。哀歌既与先知文学有密切的关系,也应给予希望的信息。本书并未采取启示文学的格调来描述将来的荣耀,却从神的性格来看以色列的前途。神是决定以色列将来命运的,以色列若符合神的要求,必蒙神以后的赐福。

论本书的希望信息,必应注意书中不仅有祈祷,尤其常有呼求神施恩,深信神是管理万事的,因此才有这样的话:"或者有指望。"(三 29下)此处也说明被掳时祈祷的理想。

以色列求耶和华看他的苦难(一 9),看他的卑贱(一 11,五 1),看他的纷乱(一 20),求耶和华观看杀害婴孩、少年人与首领的灾害(二 20),他求神解救(三 59),求神使国家复新(五 21)。在神万事都能,只要他愿意。

哀歌说出他对一切都很失望,过路的人不怜恤(一 12),只有横加羞辱(二 15),列国对他也漠不关心(二 16),人的医治是不可能的了(二 13)。诗人在紧急中向人劝导,大家都应呼求神(二 18、19)。

代求是多么重要:"你要为他们的性命向主举手祷告。"(二 19)锡安的女子是以色列的母亲,要热切地为她的儿女求,就是为少年人、祭司、先知、老年人、少女及战士(二 20~22)。拉结曾为她儿女哭,哭他们被掳的厄运(耶卅一 15)。

另一个代求的例证,是在三章四十九至五十一节,诗人在悲哀中,呼求神观看。他求神垂听,施怜悯给合城的人。他祷告的情绪多么激动,在主面前倾心如水(二 19),㉞有时悲哀似乎太甚,在埋怨的话中近

㉞ Friedrich Heiler,*Das Gebet*(1921),348-354.

乎亵渎（二 20 起，可参考耶四 10，十五 9，二十 7；哈一 2）。

　　哀歌的诗人坚持地求神干预，情词迫切好似主耶稣比喻中呼求的寡妇（路十八 1～8）。在悲叹苦情中，似在激动神的怜悯（二 20～23，三 42～43）。可见本书中祷告的动机，求神以行动施行拯救。

　　耶和华对待锡安是有十足的理由，因为诗人不住地认罪，看见神的公义。在第一首与第三首，作者明显地表现："耶和华是公义的，他这样待我，是因我违背他的命令。"（一 18）这就是说，我没有什么可以推诿。在三章卅四至卅六节："人将世上被囚的踹在脚下，或在至高者面前屈枉人，或在人的讼事上颠倒是非，这都是主看不上的。"他说："耶和华啊，我从深牢中求告你的名。你曾听见我的声音，我求你解救，你不要掩耳不听。"（三 55～56）他为锡安的民伸冤，锡安固然为自身的罪受罚，但过分受罚，却不是出于耶和华，因为他极为愤慨，呼求神向仇敌施报。在祈祷中默念神，他的信心倍增？"耶和华啊，你存到永远，你的宝座存到永远！"这似为登基诗的颂扬，有充分的乐观。在以色列的信念中，耶和华对圣约之民的启示仍是十分具体的。

　　神的公义是在他的圣洁，他的圣洁是表现在道德的领域中（何十一 9；赛五 16）。"惟有万军之耶和华，因公平而崇高，圣者神，因公义显为圣。"[38]

　　神的公义表现在他圣约的爱，作者一思念这处，在他内里的希望就更新起来："耶和华啊，求你记念我如茵陈和苦胆的困苦窘迫。我心想念这些，就在里面忧闷。我想起这事，心里就有指望。我们不至消灭，是出于耶和华诸般的慈爱（圣约的爱），是因他的怜悯不至断绝。每早晨都是新的。你的诚实极其广大！我心里说：耶和华是我的份，因此，我要仰望他。"（三 19～24）"仰望"可译作"希望"。这是西番雅的话（三 5）："耶和华在她中间是公义的，断不作非义的事，每早晨显明他的公义，无日不然；只是不义的人不知羞耻。"耶和华总不至拒绝，因为他圣约的爱必施行怜悯："主必不永远丢弃人。主虽使人忧愁，还要照他诸般的慈爱发怜悯。因他并不甘心使人受苦，使人忧愁。"（三 31～33）这

---

[38]　Rudolph Otto，*The Idea of the Holy*（1950），ch. xiii.

样看来,耶和华使人受苦不过是短暂的,因为他圣约的爱必不止息。他对耶路撒冷也不永远怀怒,这不会是他长久的目的。圣约的爱使人的信心得以增进,受苦原来有教育的价值。这是哀歌作者的信念,神的忿怒与圣约的爱是极为关联的。[39]

当苦难极甚的时候,是否抱有很大的热望,期待神的赦免呢? 作者不敢那样奢望。以色列的罪恶太大(三 42),耶和华的忿怒几乎毫无怜悯(三 43)。然而作者不能接受这个事实,神的怒气不会转消:"你竟全然弃绝我们,向我们大发烈怒。"(五 22)这不应是申明,应为问题!

在以色列被掳之后,先知们逐渐体会神的权能是超越的,在以西结书及但以理书中极为明显。在本书中,耶和华不仅有慈爱和怜悯,还有测不透的奥秘,尤其有关受苦问题,更加难以了解:"除非主命定,谁能说成就成呢? 祸福不都出于至高者的口吗? 活人因自己的罪受罚,为何发怨言呢?"(三 37~39)

耶和华是至高的神,"至高"是指他的超越,他的旨意难测,未必一定符合人的希望。哀歌的思想超过申命记,祸福还不只在于罚与赏。但悔改还是需要的,这才是真正归向神:"我们当深深考察自己的行为,再归向耶和华。我们当诚心向天上的神举手祷告。我们犯罪背逆,你并不赦免。"(三 40~42)人不切实悔改,神就不赦免,这二者是不能划分的,作者急切地祷告:"耶和华啊,求你使我们向你回转,我们便得回转!"(五 21)

此处可比较耶利米书卅一章十八节,"求你使我回转,我便回转,因为你是耶和华我的神。"哀歌的作者说:"我们当诚心向天上的神举手祷告。"(三 41)举手只是形式,惟有举起心来,心必须提升,才有果效。所以悔改是复新惟一的条件。哀歌五章廿一节,为后期犹太教十八项祝福之一。[40]

在哀歌中,顺服的心是另一重点:"凡等候耶和华、心里寻求他的,耶和华必施恩给他。"(三 25)这种等候是静默的,表明顺服的心

---

[39] Walter Eichrodt, *Theologie des Alten Testament* (1950), vol. 2, 124.

[40] Erich Klamroth, *Die judischen Exulanten in Babylonien*, Beitrage zur wissenschaft von Alten Testament 10(1912), 36.

（参番二 3、10，三 11；哈三 16）。顺服似为柔顺，但先知并不柔顺，耶利米对仇敌尤其毫不退让，虽然耶和华的仆人必在受苦中柔顺（赛四十二 2～4，四十九 4，五十 5～7，五十三 7）。受苦如果真是对人有益，那就应有忍耐的心，这不是指妥协，或向命运低头，而是在忍受苦难时那种坚忍不拔的态度。他既知道苦难是罪恶的刑罚，就不可发怨言（三 39）。受苦可以有积极的、创新的精神，并且振奋起来，好自为之。

哀歌的作者所怀的希望是否具体呢？从外在的情形来看，似乎没有什么可令人积极的。城市仍然荒凉，人民仍饱受着失败的痛苦，肩负着苦难的重轭。一切重建的事，无论在经济、社会、宗教方面都未有起色（五章）。希望究竟从何着手呢？只有在信念中对神公义与慈爱的认知决不动摇。将来的复兴呢？照着信念，有以下的观念：

（一）盼望神对普世的审判，本书作者一直有罪恶报应的信念。神的旨意不只是以色列人，也包括外邦人都应遵守（一 21～22，三 34～36、64，四 21～22）。

（二）盼望神收回罪的刑罚，锡安的罪太多，几乎不敢奢望神的赦免（三 42，五 22）。但作者也认为："锡安的民哪，你罪孽的刑罚受足了。"（四 22）这正如以赛亚书四十章二节："他争战的日子已满了，他的罪孽赦免了，他为自己的一切罪，从耶和华手中加倍受罚。"

（三）盼望被掳的事成为尾声，当时遗留在圣城圣地的人，殷切希望神为他们差遣政治的首领，尤其在省长基大利被杀之后，犹大的政治状况更是真空（耶四十一）。民族的精英被掳至巴比伦，以色列早已分裂，未臻合一与统一。他们实在希望被掳的人可以归回。三章廿二节："我们不至消灭，是出于耶和华诸般的慈爱，是因他的怜悯不至断绝。"此处是否在期待被掳的人归回呢？

（四）盼望政治与宗教的复新："求你复新我们的日子，像古时一样。"（五 21）古时是有民族的自由，有君王与祭司，社会有建立的秩序，有敬拜与守节的事。那时有神权政治，耶和华作王，全地都安定。这样的复新，不仅是政治的，更是属灵的，复新不只是回复，更是更新，甚至从以色列看到新以色列。

盼望的信息最具体的仍在三章十九至卅三节，乐观是不可消失的，他以坚定的信心展望将来,因为他们是属神的,将来是在神的手中。神掌管着历史,耶和华的公义必更彰显,就是显明在基督教的运动中,福音终必传扬到普世,神的公义必发扬光大!

本章"灾祸神学"与"希望神学",大多取材自 Norman K. Gottwald, *Studies in Lamentations*, Studies in Biblical Theology 14, 1954, 63–111。

柒 礼仪之用途

本书几首哀歌,大约是在圣城被毁时写作的,为公众哀悼之用。最早的举哀可能是在基大利被杀的时候。照耶利米书四十一章五节,当时有八十人从示剑和示罗,并撒玛利亚来,胡须剃去,衣服撕裂,身体划破,手拿素祭和乳香,要奉到耶和华的殿。以实玛利出米斯巴迎接他们,随走随哭,其实他是谋杀基大利的,因为基大利不是犹大应有的首领,既非来自大卫家,又为异族的统治者巴比伦王所立的省长,自然不为犹大的以色列所接纳。现在哀悼的对象不是基大利,而是圣殿圣城的被毁,为民族的厄运而伤痛。这八十人为什么集体去圣殿呢?因为这是守住棚节的时候。照七十士希腊文的译词,这八十人来圣殿的废墟作献祭的事,随走随哭,凭吊时有无限的悲哀。结果七十人被以实玛利处死,只有十人幸存。这是圣城被毁后极大的悲剧,引发以色列极大的哀恸。

撒迦利亚书七章三至五节,叙述以色列人记念圣城被毁的日子:"你们这七十年在五月、七月禁食悲哀……"可能在那记念的场合也哀唱本部哀歌。在撒迦利亚领受耶和华命令,要指示以色列人,是在大流士王第四年,约在公元前518年,当他们从被掳之地回来已二十年了,他们仍记念往事有举哀的行动。

耶路撒冷圣城被毁,究竟准确的日子是哪一天呢?照耶利米书五十二章十二节为五月初十日,列王纪下廿五章八节的记载为五月初七日,但是以后以色列守节似在五月初九日。查考史事,据传第二个圣殿(即所罗巴伯的圣殿在公元前515年建成),被罗马的提多将军所毁,那是在五月初九日。在公元后135年,以色列爱国志士巴可巴(Bar

Kokhba)的营垒(Betar)被毁也在该日。犹太人在节日诵读的五卷(雅歌书在逾越节、路得记在五旬节、传道书在住棚节、以斯帖记在普珥日),有哀歌是在记念国难的日子所诵唱,这也在赎罪日诵唱,在耶和华面前举行严肃会。

在基督教会的传统中,哀歌的诵咏是在受难周的周四、周六以及受难节。

今代有音乐家作曲,是否为教会的礼仪而作,并无具体的证据,但教会却利用这些在礼拜时演唱。1942年耶利米交响乐(为 Leonard Bernstein 所作),有女高音独唱,并以管弦乐伴奏。1958 年"哀歌"(Threni 为 Igor Stravinsky 作曲),内容有独唱、合唱及管弦乐。二者均取材于耶利米哀歌,但两位作曲家都非真基督徒,却感受本书内容及情绪感人,可能只是纯然音乐的目的,也带出哲学的意味。

其实礼仪的用途,在十六世纪却很盛行,哀歌多以拉丁文唱出,在十字军东征时,也以哀歌作为祈祷诗,可参考 1454 年 Guillaune Dufay,'O tres piteux',是四音的重唱。十六世纪末在意大利、法国与德国似极普遍地根据耶利米哀歌作曲,为礼拜之用。1587 年在教廷咏唱的哀歌极负盛名(Genet 作曲)。在十七世纪的曲调是根据其他音乐家(如 Allegri,尚有 William Byrd,Viadana,Rosenmueller 等)。十八世纪在法国较为盛行唱这哀歌(Legon de Tènèbres)。德国的名作曲家巴赫合唱曲第四十六号:Schanet doch und sehet(1723 至 1728年),主要经文在哀歌一章十二、十三节。卢梭(Jean-Jacques Rousseur)以拉丁文作词,引用哀歌第一章,Antonio Soler 作曲,时在1772 年。

十九世纪似无什么音乐作品,系根据哀歌。在本世纪显然又有复兴的气象,除上述两大著名的乐曲,1942 年尚有二部乐曲;有一部为合唱曲 Ernest Krenek's Lamentatio Jememiae Prophetae 作品第九十三号,另一部为 Manuel Rosenthal 作曲。此外 1942 年有 Alberto Ginastra's Hieremiae Prophetae Lamentationes 为合唱曲,Edmund Rubbra's Tenebra‐9 Lamentations,为演奏曲(1946 年)。

文艺方面以依据耶利米哀歌写诗及艺术品,在文艺复兴时代较为普遍,波兰的文学家 Jan Kochanowski、Kornei Ujejski 等极为注意。

但这些是否用于礼拜仪式，却并不明显。[41]

捌 信息与目的

本书作者主要的目的，为探求信心的真义。这空前历史的浩劫，在公元前 587 年前后，怎样影响信仰的认知，耶和华原是以色列的神，他的忿怒已经倾注在选民身上，他是否仍继续看顾他们，圣约是否仍旧有功效？历史的苦难究竟对他们的信仰有什么影响？他们如果有前途，神的应许必然信实，那么他们的盼望如何发挥力量？这些连串的问题，反复论述，是本书的信息。

（I）信息与结构

本书的结构是围绕着信息，有十分紧密的论述。五首诗的中心思想，在第三首（第三章），甚为平衡。五首诗，除最后一首（第五章），都是字母的离合体，组合成为一个完整的结构。

第一首（第一章），自然地分为两大半，各有十一节。前大半为记载事实，后大半为论述意义，信息在后一半。前者缕述灾难，步步渐进，一直叙述至饥馑，以修辞的问题（rhetorical question）作结，成为高峰，是耶和华发怒的日子。一切都是他发烈怒的日子使我所受的苦。他降火克制我，绊我的脚，使我凄凉发昏，他手绑住我的轭，我的力量衰败，交在仇敌手中（13～15 节）。可见后一半解释耶和华忿怒的原因，并且他刑罚的作为，罪必带来苦难，这是公义的信息。

第二首（第二章）的信息，可谓第一首诗转变而来，由神的忿怒说起，从耶路撒冷与犹大，转至雅各与以色列。可见实际是指神全部的子民。本诗也可分作两大半，前半也叙述事实，神的烈怒所毁灭的，人民、国家、圣殿、圣城，也在第十一节以饥馑，渐趋高峰，尤其是婴孩与幼童。前半不仅为叙述，也有解释，尤其在五、七两节：耶和华成为他们的仇

[41] Eduard Naegelsbach, *Die Klagelieder* (1868), VII f. quoted by Michael S. Moore, "Human Suffering in Lamentations," *Revue Biblioque* 90(1983),541.

敌，吞灭、丢弃、憎恶，都是因为我们列祖犯罪……我们担当他们的罪孽（五7）。但是后半解释审判的原因更为具体：先知的虚假（二14），以致耶和华成就了他所定的（二17）。主所定的刑罚虽然严重，却不致成为最后的结局。恩典还在前头。但是目前的惨状无法挽救，还得向主举手祷告。

第三首（第三章）的信息，承接第二首，恩典的信念，即使在危难之中，仍不失去。希望的火焰必须点燃。本诗的开端就是第一人称，中间作信仰的论述才改为第三人称。这与前两首不同，前两首前半为第三人称，后半改至第一人称。本首诗第一人称"我"与"我们"，都是以哀歌形式悲叹，尤其是个人哀歌，可比较约伯记与耶利米书，虽为个人，此处仍代表以色列众民。

本章不是两大半，应分为三部分，中间部分是在廿一至四十一节，是信仰的答案。第三章为本书的中间，而这部分又为第三章的中间，可见这是本书的中心信息，极为壮观。这一部分字母由七至十四。我想起这事，心里就有指望（21节）。这指望是由于耶和华诸般的慈爱（22节）。凡等候耶和华、心里寻求他的，耶和华必施恩给他（25节）。轭指刑罚，在廿七节，但早在幼年原是好的。轭在一章十四节已经提及，他当独坐无言（28节），口贴尘埃（29节），由人打击受凌辱（30节），这样谦卑认罪，存心受苦，反有盼望，因为主必不永远丢弃人，却照神诸般的慈爱发怜悯（32节）。这里有中心的信息：刑罚是必有的，却不致最终被弃绝。刑罚为的是复原，所以应该靠着主，谦卑地接受管教。祸福都是出于耶和华，人因甘心受罚，这里就与以前的祷告有所关联（一9、11、20，二20），因为此处又有一个修辞的问题，之后就有诚心的祷告（41节）。

作者再重述他们在万民中成为渣滓（45节，参一8、9），仇敌向他们张口（46节，参二16），他再以个人哀歌的形式向神祷告就可结束整首的诗，尤其在五十五节起，语气越发凝重，深信神的怒气向着选民，再转向仇敌，耶和华对自己的子民的怒气，已逐渐转消了。

第四首的信息（第四章），也是取材于第一、第二首诗，有两项要点：饥馑与神的忿怒。前大半叙述事实，在极其苦难的饥馑中，说明神忿怒的极点。在后大半解释方面，强调的是首领们的错误，不仅在先知，也在祭司。仇敌的凶暴使神的烈怒转离锡安,而指向以东。这是信息新的层面,说明神的公义是普世的。

第五首诗(第五章)形式不再是离合诗,仍采取廿二节的构造,将全书作结。此处是一篇祷告文,着重切实的悔改,祈求赦免之恩典,好似三章四十一节,举手也将心灵举起,向着天上的神。

(II) 苦难的问题

苦难在本书,有十分深切的分析,第一、二章的描述,苦难逐渐进展,变本加厉,越来越无法忍受,第三章好似爆发的火山,烟云冲至高天。第四、五章苦难渐渐削减、下沉,以致静止下来。第三章被动的情形最大,由困惑的深夜(三 1~18),至希望的黎明(三 19~21)。这希望再经进展,好似丽日当空(三 22~40),信靠的火把点燃得更为嘹亮,肯定神信实的爱,以后似又回到黄昏的暮色(三 40~42),最后再又进入苦难的黑夜(三 43~66)。⁴²

苦难的问题,在旧约中只有本书与约伯记论述得最透彻。二者都对苦难有极深切的体验,但约伯记对苦难的问题找不到答案,甚至耶和华最后在旋风中说话,仍未正面及明确地解答约伯的疑难。但结果仍导致约伯悔改,神才使约伯在苦境中转回。约伯虽然悔改,却并未清楚地说明他自己的罪状,该书也不承认苦难是罪恶的刑罚与后果。但在耶利米哀歌,苦难实在是罪恶的刑罚,无可否认。这必是本书作者的用意,以先知属灵的卓见来解释苦难。

苦难确实是罪恶的刑罚,自创世记第三章“失乐园”的诗章,至申命记廿七、廿八章先知性的训诲篇,说出咒诅的话以为警戒。这是希伯来宗教的信念,在被掳时有这哀歌,再行强调这个信念,使以色列人民深切地省思。但是这种信念并非没有经过挑战与考验,在被掳之前,第七世纪哈巴谷的先知心理,曾提出异议(heterodox),尤其涉及外邦侵略的事,在哀歌中也寻求答案。审判要从神的家起首,但最后外邦人仍必

㊷ Walter Bruggemann, "From Hurt to Joy from Death to Life," *Interpretation*, XXVIII (1974),3-19.

被灭绝。他们固然是被神用作审判的工具,但他们过分凶暴,同样引起耶和华的忿怒。

苦难常有关恶人兴盛的问题,在本书论及,若干先知亦触及这样的问题。约伯记中约伯的困惑曾反复提出,使他无法接受朋友的见解(尤其在约伯记第廿一章),学者们有的趋向主张,认为约伯记为被掳后的作品,虽无法证实,却有其推论的理由。诗篇七十三篇再有这样的论调,这亚萨诗的日期有争议之处,也都论这问题,惟一化解这样的困惑,只以坚强的信心来面对,这是否为哀歌作者的用意与目的? 因为在悲叹之余,发出信心的呼喊。

诗篇反映以色列的信仰,正如所有的经验,在深切的苦痛与喜乐的庆祝二者反复地徘徊。诗篇中有很多哀歌,这哀歌的形式也应用在耶利米哀歌中。生命里常有实际的苦痛的经验,似乎是无法避免的,人怎样在伤痛的感受中出来,走向信实的神,这是苦难的意义,不作逃避与否认,而应面对,接受挑战,努力达成胜利的喜乐。

生命中苦难的现实,我们必须全力地面对,以一种不妥协、不规避的态度,作一番对语。[43] 哀歌不是独语,而是向人或神对谈、倾诉。向人可能是怨言,或对神的怀疑。如果有信心,哀歌化为祈祷。在神面前只有感恩,就化反面为正面,化消极为积极,希望油然而生,这是哀歌第三首的内容。这样苦难只有建设性的力量,这力量来自信心,信心是对神的信实有所体验。信心是实际的,充实的。可以坚持到底,因为神的信实是坚持的、持久的、始终贯彻的,我们必须抓住、紧紧地抓住他的应许。苦难使我们信心更加坚定,始终不渝。

(Ⅲ) 盼望的因由

哀歌的作者在痛苦中回忆过往,感到有无限的悔恨。以色列的苦难,是他们自作自受,罪有应得的。这罪是过去的,现今有悔恨,但现在的悔恨并不除去罪愆,在质问神的口吻中,竟不觉醒悔罪,这是作者不

---

[43] Claus Westermann, "Struktur und Geschichte der Klage im Alten Testament," *Forschung am alten Testament* (Theologische Bucherei, 24), 266–305.

能忍耐的。他指责政治与宗教的失败,这是他不愿人民推诿自身的责任。他提出外邦侵略的暴虐,仍不允许人民嫁祸与怪责。他只说明并见证神的公义,公义罚恶是合理的,公义拯救也是必然的。前者引起他的忧苦,后者却点燃他希望的火把。⑭

过去的无可挽救,现今的也不能补救,惟有对将来,仍有希望。这希望就一定不可失落。这是作者急切的意愿。"我想起这事,心里就有指望。"(三 21)作者在祷告中省察,"我心想念这些,就在里面忧闷。"(三 20)同时他的希望又如此油然而生,希望是信心的转机。他虽然在极端的失望中,却在幽暗中瞥见神的光,这光显露了神的仁慈与怜悯(三 18~21)。

盼望是有根源的,基于神的仁慈。这仁慈不是柔软的,却有极大的能力,因为主有绝对的权柄与能力,他是掌管宇宙的主,却关怀与拯救,以致作者说:"耶和华是我的份,因此我要仰望他。"从他经验中产生的确据:"凡等候耶和华、心里寻求他的,耶和华必施恩给他。"(三 25)等候必须忍耐,在苦难中忍受要有能耐。当悲观的思想一直威胁他和人民,他知道大家一定要互勉,不可灰心,寻求神,以祈祷仰望,恩典必成为实际了。

忍耐并不等于放弃或任意让事情自由发展。那是有积极的信心,领受神的恩典。有时希望并不具体,令人不能有确实的信心:"或者有指望。"(三 29)但是信心不是假定的、臆断的,"或者"并非对希望感到没有把握,而是不能将自身的努力,配合神的能力。有时"或者"并不表明怀疑,而是一种愿望,这愿望是不会落空的。

神是至上无尽的,至上的主有永久的恩慈,主所命定的,必定作成,这是本书所强调的。可见,希望是如此可靠,如此确实,作者每次由悲叹至祷告,困惑的问题就变成希望的答案,在世局无定的当今世代,我们会否也有这样的困惑呢?"你为何永远忘记我们? 为何许久离弃我

---

⑭ Jože Krašovec, "The Source of Hope in the Book of Lamentations," (tr. from slovene by Anne čeh), *Vetus Testamentum*, xlii(1992),223–233.

们?"（五 20）其实神怎会忘记与离弃我们呢?[45] 我们所需要的,是哀歌作者的祷告:"耶和华啊,求你使我们向你回转。我们便得回转;求你复新我们的日子,像古时一样。"（五 21）这是作者写作的主旨,明确地表明在本书的信息之中。

---

[45] Bathja Bayer, "Book of Lamentations," *Encyclopedia Judiaca*, vol. 10, 1368 - 1376, especially 1375 - 1376.

注释

壹　哀圣城之陷落
（一 1～22）

　　在五首哀歌中，这是第一首。诗歌的形式特别显著。这首诗似乎一系列的叙述，绘出圣城毁灭的浩劫。每一系列并不冗长，都比较简短。主题为"无人安慰他"(一 2、9、16、17、21)。但本诗仍无逻辑的思想过程，可能这不是作者的用意。他无意将这首诗，次第进展，最后可臻高峰。但他似乎一直在徘徊盘旋，好像一个丧失家人者，一直哀念着，无法释怀。本书的论述常回复往还，悲哀逾恒，就是诗人悲痛的情怀。

　　本首诗正如其他几首(第二、三、四章)，是字母诗。每节以字母排列，在首字的开端，井然有条，每节似不断进展着。这也十足看出心理的发展，从外在的客观的、第三人称的，至内在的、主观的、第一人称的。这又好似两个人在对谈，第一个发言，是诗人自己，他以第三人称，从外面观察锡安的灾难，并加以分析受灾之原因。这样占了本首诗一半的篇幅(一 1～11)。其中两次为一个简短的祈求所突破："求你看我的苦难"(9 下)，"求你观看……"(11 下)。这样第十二节就有一转变。第二段也可从十一节下开始。现在是锡安在说话，客观的语气偶然也出现(15c、17 节)。锡安成为人格化，有几点用意。先是为加强痛苦的表情。如果本诗作为礼拜的仪文，为使敬拜者更投入痛悔的情绪。作者也着意锡安是悲剧的中心焦点。本书不仅凭吊民族的败亡，也悲叹幸存者整体的哀伤。悲痛的不只是些个别的国民，却有更多的人在哀哭，这是锡安——神之城，就是被拣选的团体，究竟与其他国族、其他城镇的人不同。

　　本书中的"我"，很多时候都不是指个人，也不只是存留者的发言代表，而指锡安本身。诗人既将锡安人格化，就能更以情绪化的言词，同时也不只是主观的立场。锡安第一人称的话，也需比较他处的第一个称，"我"字有时确指诗人本身，"我们"可指幸存的一群。"我"也是百姓的代表。从个人悲哀的感受，感到神之城的苦难，这在第三章更为显著。

本首诗,正如本书中其他的诗,可作为公众礼拜之用。这也有戏剧性的编排,可有不同的人物,扮演锡安城,或叙述者,都有十分生动的演出。

本章约略可分为两段(1～11 节、12～22 节),但第二段似可再分,分为三小段,发挥得更淋漓尽致。

(Ⅰ) 历数圣城浩劫(一 1～11)

本章既为本书之开端,先有一个十分典型的哀歌,这哀歌表达的悲伤,似在悲哀的极端,然后再在极端中转回,将悲情化为祈祷,其转折点在本段之后。

一 1　先前满有人民的城,现在何竟独坐! 先前在列国中为大的,现在竟如寡妇! 先前在诸省中为王后的,现在成为进贡的。

在第一节前,即在本书的开端,照七十士译本,希腊文有一段"卷首语":"在以色列人被掳之后,耶路撒冷已成为荒废之地。耶利米坐着哀哭,为耶路撒冷哭泣说——"。通俗拉丁文也有类似的前言,几乎完全相同。看来这是后加的,出于编辑者的手,并认定耶利米为本书的作者。如果研究这前言的体裁,似乎是希伯来文,而不是希腊文。这究竟是否编者模仿,模仿圣经希腊文的文体,或是直接采纳希伯来文原始的抄本。[1]

"何竟"('ekāh)应为第一个字,在诗词之首,为极剧烈的转变,从佳境至困境,每况愈下,变本加厉,如以赛亚书一章廿一节,从荣华的过去,至悲惨的现在。在哀歌中常有出现,在本书二章一节、四章一节之外,还有耶利米书四十八章十七节;以赛亚书十四章四节;耶利米书九章十九节以及以西结书廿六章十七节。中译词大多译为"何竟",也有译为"怎样",原意为:"怎么会这样?"表明作者看到现状,极为惊奇、悲哀,甚至忿怒,在惊惧的情绪下,甚至不能自已。

"何竟"由于中文语法,大多是在语句中间,并不显著,以致读者容

---

① Delbert R. Hillers, *Lamentations*(Anchor Bible,1972),5.

易忽略。其实这是第一个字,首当其冲,其重要性就不言而喻了。

这问语有时也只是修辞的,未必有一定的答案,好似在申命记一章十二节:"怎能担当得起呢?"也是类似感叹的话。

"先前……现在",这是在追念中一些尖锐的对比,也是先知的思想类型,例如在以赛亚书一章廿一节:"从前充满了公平,公义居在其中,现今却有凶手居住。"在句首也应有"何竟",中译词为"可叹"。

"满有人民","满有"(rabbati)专指量的增多,如在撒母耳记上二章五节"多有"。这字的字根(rbt),参考圣经之外的资料,可指神明,又可译为"主母"(mistress)。② 此处似没有这样的意思。人口多,是指神的福分。但这种福分现在已经失去。这字以同样的方式(rabbati)在本节中又出现,可译作"大",那是指质的。

"独坐"在完全孤单的状况之中。以赛亚书廿七章十节译为"凄凉",可谓十分贴切,尤其在此处有同样的涵义,完全被丢弃,被遗忘。圣城昔日的荣华就不复存在了,这是很难想象的悲情。

"在列国中为大的",介系词"中间",也可作"在……之上"。在列国之上为大,超乎诸邦,不仅泱泱大国,而且威势足可统治列国。如果这样翻译,似乎是言过其实,过分夸大。犹大国在中东地区从未成为强权。但耶路撒冷确曾为商业重镇,宗教圣地,为列国的人重视,却是事实。

"现在竟如寡妇"。这是第二句,以"先前……现在"作为比较。寡妇失去社会地位,又没有法律的权利,在完全无助的状况之中,在古时的社会,最可怜的是寡妇与孤儿,不仅在本书五章三节,也可参考以赛亚书四十九章二十、廿一节,五十一章十八节,五十四章四至六节。

"寡妇"的相反是王后,王后是最有尊荣的妇女,"王后"或译为"公主",这字的阴性极少出现,大多是"王子"或官长首领为一省之首长,地位最高。"诸省"似与"列国"为同义字,那么"为大"与"王后"也是同义的对比,都指伟大尊贵。"诸省中"又可译为在诸省之上,高高在上,荣华尊贵。耶路撒冷再被描绘成一个人格,是贵妇,雍容华贵,且读诗篇

四十八篇一至二节：神的城在圣山上，锡安山，大君王的城，在北面居高华美，为全地所喜悦。在本书二章十五节，这城也被称为完美的，称为全地所喜悦的，而现在竟成为寡妇，甚至沦为仆婢。

寡妇固然孤单与无望（申廿四 19～21；王上十七 9～24；赛十 2，四十七 8，五十四 4～5；结廿二 7）。奴仆婢女更为卑贱。这字原意（mas），为强迫的奴工，译为"进贡的"中译词，是根据士师记一章三十节、卅五节以及历代志下八章八节，指战败国向强国进贡及服苦役。

追想在大卫王与所罗门王治国的时候，国势强盛，曾统治摩押与以东。现在被巴比伦战败，成为附庸国，实在令人叹息。

本节体裁是"政治的哀歌"（political funeral song or dirge），[3]分成三行，每行都有"先前……现在"。这三行都为对比（parallel），形成一种所谓外围对比法（external parallelism）。[4] 对比的同义字为rabbati（为大的）与 sarati（王后）。另一种译词以"最伟大的"（greatest）与"最高贵的"（noblest）对比，转为配合。[5] 第一行"满有"与第二行"为大"是同一个字（rabbati），又是对比的同义。这三行以"何竟"来维系，这个悲叹词不仅维系这三行，也系住整个一章的诗。

一 2　她夜间痛哭，泪流满腮，在一切所亲爱的中间没有一个安慰她的。她的朋友都以诡诈待她，成为她的仇敌。

这节仍将锡安人格化，她是一个不贞的妇女。她的痛苦是两方面，一方面为现实的惨状而悲痛，另一方面为自身的罪愆而懊悔。这双重的痛苦，使她痛哭流泪。

痛哭是大声的哭诉。"夜间"是指无止息的时间，这悲情是无时不已的。痛哭与流泪二者是相连的。例如耶利米书十三章十七节：痛哭流泪。

"在一切所亲爱的中间"，这似在耶利米书三章一节："和亲爱的行邪淫。"这是属灵的淫乱，因为犹大不听先知的警告，去投靠埃及，结果

---

③ 这原为 Hermann Gunkel 文体评鉴的称谓，引用在 Harvey H. Guthrie, "Lamentations," in *The Interpreter's One Volume Commentary on the Bible*, ed. Charles M. Laymon (1971),405.

④ Hillers, *op. cit.*, 18.

⑤ Hillers, *op. cit.*, 1.

始知完全不可靠(参耶卅七 5～8),他们为投靠他国,离弃神,各随从异族的外邦神,令神失望。结果都落空,没有一个安慰她的。

"没有安慰她的",在本章内屡次重复,在二、九、十六、十七、廿一节。

所谓亲爱的与朋友是指政治的联盟,可参考十九节(耶廿七 3,三十 14),这些都成为仇敌。这也是在诗篇中若干哀歌所提及的(卅八 12,八十八 19)。

以色列是耶和华的妻子,却不忠贞。在若干先知的信息中均有谴责,何西阿(二 9)、耶利米(廿二 20～22,三十 14)以及以西结(十六 37～41,廿三 22～29)都曾提及。当以色列人不投靠耶和华,他们自愿归服地上的列邦。这实在是极严重的背道,也为本书所强调(五6～7)。

一 3 犹大因遭遇苦难,又因多服劳苦,就迁到外邦。她住在列国中,寻不着安息,追逼她的,都在狭窄之地将她追上。

犹大因受苦而迁到外邦,"迁"可能指被掳,也可能指自愿迁移,是逃难而离去。照以西结书十二章三节及撒母耳记下十五章十九节两处,似乎与此处的涵义相似,自愿迁移的。

犹大是否因此遭难呢?"因为"或"由于"可能是一种涵义,"以后"或"以前"是另一种解释,犹大遭难是在被掳之前,也可说在以后。或者说,他们遭难在被掳之后。但他们的迁移实在是在无可奈何的情况之下。有的认为他们逃到埃及去避难。

住在列国中,是因他们逃难而四散各处(耶四十 11～12)。这可能指被掳以前的事。寻不见安息,表明他们不能再在本国内安定。"安息"原指耶和华将迦南地赐给他们为业,使他们定居,然而现在他们已在势必离去的实况中。他们只好住在外邦,但是他们能存活吗?(四 20)

安息在应许地,表明他们仍是属神的子民。一旦离去,他们就丧失了这身份。五章五节正是说明安息的反面:疲乏不得歇息。[6]

---

[6] Gerhard von Rad, "There Remains Still a Rest for the People of God: An Investigation of a Biblical conception," in *The Problem of the Hexateuch and other Essays*(1966),94 - 102.

"在狭窄之地将她追上。""狭窄之地"也指苦难,敌人追逼她,逼她到最狭窄之地,进退维谷,只有坐而待毙。她在苦难之中,也那样无助。

狭窄之地,与"苦难"及"服苦",都是同义字。"苦难"为常用字,受压甚重,"服苦"也是指劳力的奴役,都是极为难堪的事。

一 4　锡安的路径,因无人来守圣节就悲伤。她的城门凄凉,她的祭司叹息,她的处女受艰难,自己也愁苦。

锡安的路径一向是满了朝圣者,现在圣殿被毁,没有人再来守节,就充满凄凉与悲伤。敬拜耶和华的举动完全停止了,那是多么凄惨的事。

"悲伤"一词,可参考约珥书一章十节,耶利米书十四章二节及何西阿书四章三节,译为悲哀。这字('abel)也可译作"干旱"。地因干旱而悲哀,干旱与悲哀常连在一起。[7] 这里不仅将锡安人格化,而且也可联想一种迦南宗教的举哀礼仪。锡安不再是敬拜真神的地方,已沦为异教膜拜的场所。[8]

她的城门凄凉,因为无人再出入,成为十分荒凉的地方。这些都已毁坏,成为废墟,只令人凭吊,而感喟悲叹不已(可参耶十四 2;赛三 26;本书二 8)。

以前多人在圣殿守节,拥挤地献祭,祭司必忙碌不已。但这已成过去,现在只有兴叹而已,他们不再有事奉的机会了(参珥一 9、13)。

处女受艰难,参考约珥书一章八节:"处女腰束麻布,为幼年的丈夫哀号。"幼女已许配,长大未完婚前,丈夫却夭折亡故。祭司与处女相提并论,因为在升平的时期,五谷新酒及油充盈,牛群羊群又多,供水充分。处女在欢乐跳舞,祭司也有充足的食粮。现在的情形完全相反,祭司与处女同遭灾难。

照七十士译本,"处女被拖走"是指她们被掳,沦为女仆。另外解释是指她们为夏天干旱,向巴力哀求,可参考以西结书八章十四节、撒迦

---

[7] Joseph Scharbert, *Der Schmerz im Alten Testament*, *Bonner Biblische Beiträge* 8(1955), 47 - 58; Norbert Lohfink, "Enthielten die im Alten Testament bezeuten Klageriten eine Phase des Schweigens?" *Vetus Testamentum* 12(1962),274 - 275.

[8] Michael D. Guinan, "Lamentations," in *The New Jerome Biblical Commentary*, ed. Raymond E. Brown(1990),560.

利亚书十二章十至十四节。她们膜拜偶像而悲哀。

"自己也愁苦。"因为失去了婚姻与家庭的幸福。如果不解释拜偶像的举动,少女的心仍感悲哀。"愁苦"指苦味,好似喝苦水,难喝不好受。这也指处女的内心十分恶毒,痛苦的心情中带有一种难堪无法忍受的态度。在圣经中,处女常是欢乐的,尤其在节期庆祝中,更带给人们欢乐(可参考耶利米书卅一章十三节及士师记廿一章十九至廿一节),现在,少女的悲哀使整个社会都在愁苦之中。

一 5　她的敌人为首,她的仇敌亨通。因耶和华为她许多的罪过使她受苦,她的孩童被敌人掳去。

她的敌人成为首领,可管辖她。"首"是指"头",站在高处,她只能低声下气顺服,以色列民族败亡,受失国的痛苦。这正如申命记廿八章四十四节:"他必作首,你必作尾。"这是神的咒诅(参申廿八 13 以色列应该居上不居下)。此处可译为"她的仇敌必成为首"。⑨ 圣约的咒诅不仅在申命记廿八章与利未记廿六章,也在本书四章三至四、十节,五章十八节(又可参考一 8,二 16,三 10～11,四 6,五 14～15)。⑩

仇敌的亨通,原为义人所困惑(耶十二 1),但现在却看见以色列人失败,反使恶人亨通,他们不能不承认自己的罪过,而招致恶人的猖獗。

以色列人受苦,是因自己的罪过。"罪过"原意为罪孽或悖逆,因此罪有应得,神是公义的。此处提说耶和华的圣名,因耶和华为圣约的神,以色列是圣约之民,他们的悖逆必受圣约的咒诅。

本节首次提说耶和华,本书共出现卅二次。"主"有十四次,"神"一次,"至高者"两次。

"孩童"是指居民,居民被掳,以色列民族的精英都流失了,"孩童"是民族的前途,现在都失去了。

一 6　锡安城的威荣全都失去,她的首领像找不着草场的鹿,在追赶的人前无力行走。

本节似乎是另一个小段的开始,在节首应加上"于是",是希伯来语

⑨ A. Cohen, *Midrash Rabbah*, eds. H. Freedman and Mourice Simon, vol. VIII(1936), 16.

⑩ D. R. Hillers, *Treaty-curses and the Old Testament Prophets*(1964).

法中起承转合的形式（waw consecutive），有连接词再加上未完成式（imperfect verb），有连续性的涵义，这种构造也在二章六节、三章十六至十八节、四章六节等，本书至少可找到廿三次，有七次在每节第三行之首（一 6 下、二 3 下、5 下、6 下、8 下、14 下、17 下及四 11 下，四 11 下是在第二行之首，该节只有两行）。有些是在每节中间一行，共五次（二 15 中、16 中、三 2、5、11）。

　　锡安城的荣华，是指官长领袖，都已败退。此次"威荣"与下一句"首领"是同义的。

　　追赶的人是猎人，可参考三章五十二节及耶利米书十六章十六节。猎人在追赶草场的鹿，鹿在逃跑时深感无力，实在无法逃脱。

　　在希腊文与拉丁文的译词，"鹿"作公羊。"鹿"仍是正确的用词，因为"鹿"（'ayyalim）与"猎"（raddap）略有谐音的作用。可参考撒母耳记上廿六章二十节"猎取"。这里是描述耶路撒冷被攻破的实况。犹大的首领设法逃走，还是被巴比伦的侵略者追赶。

　　一 7　耶路撒冷在困苦窘迫之时，就追想古时一切的乐境。她百姓落在敌人手中，无人救济，敌人看见，就因她的荒凉嗤笑。

　　耶路撒冷的困苦，是在她完全陷在无助之中，又遭敌人的嗤笑。在旧约中，常提说这是奇耻大辱，简直无法忍受。个人遭受嗤笑：在本书三章十四节；诗篇卅七篇十三节，五十二篇六节；箴言一章廿六节；约伯记三十章一节。由个人至国家，是在会众的哀歌：诗篇四十四篇十四节，七十九篇四节，八十篇七节（参耶四十八 26、39）。

　　他们在悲惨的现状中，又在追想昔日的荣华。"古时一切的乐境"，这句话在许多学者的分析中，认为是外加的，有点像第十节"她的美物"，"美物"与"乐境"是同一个字，是指财宝。如果将第二句删去，译出来："耶路撒冷在追想那困苦窘迫的日子……"这样就将本节也作为三行，而且都是三比二的韵律，十足哀歌的形式。[11]

　　"窘迫"在字义方面并不清楚，希腊译词作"赶逐"，她在困苦中被追逐，就落在敌人手中。这字在三章十九节再出现。"落在敌人手中"，是

---

[11] Hillers, *op. cit.*, 2,9；F.B. Huey, *Jeremiah Lamentations*（1993），452.

在敌人的掌握中。

"荒凉"在此是在旧约中惟一出现的用字,有改为"停止"或"中止",有译为"瓦解"。⑫

一 8 耶路撒冷大大犯罪,所以成为不洁之物,素来尊敬她的,见她赤露就都藐视她,她自己也叹息退后。

耶路撒冷犯罪,先在第五节提说,现在再重复,这是本书的重点之一。这里似综合何西阿书、耶利米书及以西结书所论耶路撒冷陷落的事。

这里的表象,指一个尊贵的妇女,却成为不洁的人,受人厌弃(参利十二 2、5,十五 19)。"不洁"该字原指月经不洁,但此处污秽全身,被人唾弃。她原为贵妇,现在竟沦为娼妓,别人对她摇头藐视。犹大因拜巴力偶像,成为羞辱的人,可参考何西阿书二章八、十三节,参考以赛亚书四十七章三节及以西结书十六章卅七节。

她自己也知道,羞惭得无法见人,在叹息中退后隐藏,竟卑微如此。"叹息"不是低声的感喟,甚至是大声疾呼,似在极度的惊惧中,赶紧逃脱,羞惭得无地自容。

"不洁"仍指礼仪的污秽,此处尤其指拜偶像而污秽,在先知书中有若干经文(何西阿书五章三节,六章十节;耶利米书二章廿三节及以西结书廿三章七、十三节)。她暴露,可能不是故意暴露,引人注意。她因行为不端,成为娼妓,为人不齿,所以剥去她的衣裳,蓄意羞辱她,也是一种咒诅的行为(结十六 35～39,廿三 29,参赛三 17)。

一 9 她的污秽是在衣襟上。她不思想自己的结局,所以非常的败落,无人安慰她。她说:耶和华啊,求你看我的苦难,因为仇敌夸大。

本节继续上节的有关娼妓的形象。她的污秽在衣襟上。参考的资料在耶利米书十三章廿二、廿六节,揭起衣襟,显出丑陋来,参考以赛亚书四十七章二节。以色列人漠视圣约的责任,不求圣洁,不圣洁必失去信徒的见证。

她不思想以后的结局,那结局就是败亡与羞辱。这败落是必然的,

---

⑫ Hillers, *op. cit.*, 9.

可以预期的,败落是指降卑,如在以西结书三十章六节及以赛亚书四十七章一节。"非常的败落"即指她的败落令人震惊。耶路撒冷居民感到震惊,因为他们完全意想不到,这圣城会陷落。四章十二节提说,他们都不信敌人和仇敌能进耶路撒冷的城门。但灾祸来临时,谁也不会给他们什么安慰。

锡安仍不能接受这样的事实,她就理直气壮地向耶和华呼求,深信仇敌必无法夸胜。以色列人认为他们虽然不好,但总是属神之子民,必不会受外邦人任意羞辱。他们的仇敌也是神的仇敌。但是他们不知道神竟藉外邦人来刑罚他的百姓,虽然外邦人最后一定败亡,但审判先从神的家起首。

一 10 敌人伸手夺取她的美物。她眼见外邦人进入她的圣所。论这外邦人,你曾吩咐不可入你的会中。

敌人贪婪以色列的财宝,尤其在圣殿中的宝物,这些是圣器,许多用精金制成的,价值甚高,更何况是圣物。巴比伦的侵略者就来掠夺,记载在列王纪下廿五章十三至十七节。

外邦人是不可入耶和华的会,申命记廿三章三节特别指出亚扪人和摩押人不可进入圣所,他们的子孙虽过十代,也永不可进入。这一定也包括所有的外邦人,免得污秽这殿。以后在尼希米、以斯拉的时代,所有外邦人都不可,异族通婚都不准,可见一斑(尼十三1～3)。如果外邦人以虔敬与和平的态度,仍不得进去。现在外邦的侵略者以暴力冲进去,并且掠夺,这是无法想象,也实在不能忍受的。"她眼见……"亲眼看见,必心如刀割一般,其痛楚无法形容,难堪至极。

圣所是耶和华的所在,他的同在与引导必保障以色列人安全。但外邦人可任意侵入圣所,可见耶和华不再与他的子民同在。他的荣耀已经离去,正如以西结书十章所描述的。这是以色列民历史的悲剧,证明耶和华是公义的神,他断不以有罪为无罪。

一 11 她的民都叹息,寻求食物,他们用美物换粮食,要救性命。他们说:耶和华啊,求你观看,因为我甚是卑贱。

由于围城,城内食物缺少,再加战争,饥饿的情况越来越严重。他们为活命,不惜倾家荡产,为换取粮食,他们用美物,这美物指财宝及贵重的物件,以后越加严重,甚至易子而食,可谓惨绝人寰。在何西阿书九章十六节:"所生的爱子"与此处"美物"是同一个字(ma h^{a}madd^{e}hem)。
"所生的爱子"原意为"腹中的美物"。这在研究古代历史的文献中多有
记载。[13]

　　现在他们不得不求告耶和华。"求你观看……"同样的呼求在第九
节。但此处他们再不敢提说仇敌,只哀告自己的卑贱。他们可以易子而
食,不再有人性。他们可以将儿女卖作奴仆,还有什么亲情? 但是饥饿难
忍,人可以为存活而卑贱如此:这是战争的罪恶,是以色列自我的苦难。

　　在列王纪下屡有记述围城及城陷的惨状(六 25～29;耶卅七 21,卅
八 9,五十二 6)。

　　"卑贱"原意为"贪食"(参申廿一 20;箴廿三 21),此处可译为"被吞
吃",敌人好似野兽一般,以色列人成为掠物,任意被践踏、被轻慢。

(II) 祈祷省察仰望(一 12～22)

　　锡安在极端痛苦之中就转向神。她在恳求神的怜悯时,深察自己
的违命悖逆,因此深切痛悔,还是仰望耶和华的公义,使仇敌遭报,这是
本章下一部的内容,上下两部各有十一节,可谓平均分配。

(i) 恳求神施怜悯(一 12～17)

　　一 12　你们一切过路的人哪,这事你们不介意吗? 你们要观看,有
像这临到我的痛苦没有? 就是耶和华在他发烈怒的日子使我所受的苦。

　　这是耶路撒冷发出的呼吁,盼望在苦难中获得真切的同情,看来仍
是失望,究竟人的同情多么微小,可参考约伯记十九章二十、廿一节。

　　在问语中,是以否定的口吻,你们不介意吗? 真的不介意。原意
为:"对你们没有什么……""没有"有改为"来"字:"来! 你们一切过路
的人……"('alekem 改为 l^{e}ku)。[14]

---

[13] A. L. Oppenheim, "Siege-Documents from Nippor," *Iraq* 17(1955),69 - 89.

[14] Franz Praetorius, "Threni I, 12,14, II, 6,13," *Zeitschrift für die alttestamentliche Wissenschaft* 15(1895),143 - 146.

这样前所未有的痛苦,是耶和华给我的,降罚与我的。这是耶和华发怒的日子。耶和华的日子已经来到,无可避免。百余年前,将近二百年,有先知阿摩司已经提出来,现在果然实现了,可参考二章一节、廿一至廿二节。这是审判的日子。

神的忿怒是公义的,因为他有公义的权能。对过路的人,不可等闲视之,以色列以外的人也应注意,神的怒气是对普世的,不只刑罚他的子民,这审判将是全地的。

一 13　他从高天使火进入我的骨头,克制了我,他铺下网罗,绊我的脚,使我转回,他使我终日凄凉发昏。

神的审判如火,因为神是烈火。怒气好似火一样,进入骨中,闭塞在里面,是无法忍受的(耶二十 9)。锡安的痛苦,以个人的感受来说明,似乎更为真切。

此间用三种表象:火、网罗及疾病。失火中,人在火焰胁迫之下,不但震惊,而且慌张,不知如何脱逃。

网罗张开,四周都罩住,到处没有出路,只有束手就擒,经文的参考甚多(耶五十 24;结十二 13,十七 20,卅二 3;何七 12 又诗九十四 13)。网罗绊住脚,使我转来转去,都转不出来。神的刑罚可挡住人的出路,以赛亚书廿八章十三节也有类似的描述,三章九节:“挡住我的道。”耶和华好似熊埋伏,如狮子在隐密处(10 节)。

疾病的症象好似头昏一般(本书一 22,五 17;赛一 5;耶八 18)。看来这都是耶和华降罚的后果。这种痛苦不是短暂的,而是长久的,终日的,日以继夜,不能摆脱,长期的痛苦才是无法经受的。

一 14　我罪过的轭是他手所绑的,犹如轭绳缚在我颈项上,他使我的力量衰败。主将我交在我所不能敌挡的人手中。

本节以另一种表象,描述耶路撒冷的无助与毁灭。有一个重轭,压在颈项上,使她力不能胜。那就是她的罪恶。在极端的软弱中,她就无法逃脱敌人的掳掠,因为神放弃她,藉敌人的手,来刑罚她。

“我罪过的轭”,是清楚的译词,但在原文有一动词,这动词的字义就有问题。首先这字在旧约中惟一出现的(sqd),在中文是以意译的方式,轭绳“缚”在我颈项上。有的古卷将这字改为 sh-q-d,字义是“观察”,此处为被动语气,可译为“被察看”。但是罪被察看,不是轭被察看，因此"罪"字又有不同的评鉴，有的译为"脚步"(将 pesha 'ay 改作 pesa 'ay)："我的脚步被察看。"⑮这样的解释似为奇特，尤其将"轭"字放在下句。但这样译法并非没有理由，尤其参考的经文在撒母耳记上二十章三节；箴言廿九章六节及以赛亚书廿七章四节。七十士译本译词仍作"罪过"：我的罪过被察看。叙利亚译本译词作："我的罪过起来攻击我。"亚兰文译本："我罪过的轭重压。"这也是耶路撒冷译本的语意(Jerusalem Bible)。在死海古卷(第四洞的文件)，"我罪过的轭困住"。⑯

"手所绑的"，"绑"字在新国际译本(New International Version)作"编"(woven)，好似线绳编织起来，轭的原料是罪过，罪编起来，成为重轭，加压在颈项上，实在难以承受。这罪过是明知故犯的(p-sh-)，真是无可宽恕的，可见罪的本身就有毁坏的能力，使我的力量衰败。我就再没有力量来敌挡仇敌，因为这是主允许的，而且藉着仇敌来刑罚，他们成为神审判的工具。

本节如以意译的方式，耶和华为主词：他察看我一切的罪过，将这些都绑在一起，挂我的颈项，好似轭一般，重压在我身上，使我力量衰败消失。并将我交给仇敌，我实在无力抗拒。

以"主"为主词，正如十三节及十五节，以"他"为句首，表明耶和华在施行审判，更为有力。自十三至十五节，作者似说明以色列败亡，并非耶和华失败、不能敌挡外邦的神。现在的灾祸完全是他的审判，刑罚他背逆的子民，可参考撒迦利亚书一章七节起，以赛亚书十三章一节起，约珥书三章十三节起：耶和华怎样利用外邦的侵略，来对付以色列人。作者也深感神的公义，因为以色列人确实犯罪，亏缺了神的荣耀，因此这样的审判是无法逃避的，现在痛定思痛，应当切实悔改。

一 15　主轻弃我中间的一切勇士，招聚多人攻击我，要压碎我的少年人。主将犹大居民踹下，像在酒榨中一样。

⑮ Hillers, *op. cit.*, 3,11.

⑯ Iain Provan, *The New Century Bible Commentary：Lamentations*, 50. 可能根据 Hans-Joachim Kraus, *Klagelieder（Threni）, Biblischer Kommentar*, 3rd ed.（1968），参考 Franz Praetorius, "Threni I, 12, 14, II, 6, 13," *Zeitschrift für die alttestamentliche Wissenschaft* 15(1895),143 - 146.

勇士虽为国家的精英，值得自豪，但主却轻弃他们。"轻弃"不常用，却出现在诗篇一一九篇一一八节及约伯记廿八章十六节，但后者中译为"不足与较量"，表明毫无价值可言。主甚至嗤之以鼻，十分轻视。七十士译词："剪除，除灭"。叙利亚译词：制服"蹄下"。[17]

这一用词(sillah)仍有难解之处，有的将字根改变(slh 为 sll)，作"堆聚"解，耶利米书五十章廿六节：堆如高堆，神将那些勇士堆起来，好似堆积禾稼。[18] "堆积"似与"招聚"相连，都将他们放在一起。正如亚兰文译词相同(kenas)。但是"招聚"一词似指聚会，是一种严肃会或节期的性质。聚会与原来的内容不同，守节的人悲伤，敬拜的人攻击，是很反常的现象。

"少年人"与"勇士"作同义解，他们如葡萄一般被压碎，如蹄酒榨。葡萄收获之后，必被蹄作酒料。锡安的少年，也是包括犹大一切的居民，都被蹄下。第六节锡安城或作犹大的女子，这样少年人与女子又作同义的对联句。

酒榨常指神的忿怒，有若干经文可资参考(赛六十三3；启十四19，十九15)。

一 16　我因这些事哭泣，我眼泪汪汪，因为那当安慰我、救我性命的，离我甚远。我的儿女孤苦，因为仇敌得了胜。

"这些事"指十二至十五节所叙述的，耶路撒冷的悲情惨状，使叙述者有无限的伤感，哀恸不可自已。

"我眼泪汪汪"直译："我的眼，我的眼，涌流着泪水。"为什么重复"我的眼"？甚为解经家注意，有的认为抄经者之疏忽(在书写中因疏忽造成的重复称为 dittography)，参考七十士译本，叙利亚译本及拉丁文译本，都不重复。[19] 但是照这节经文的音节，十分匀称，似不重复。亚兰文译本作"我的双眼"，因为"我的眼"重复，就成为双眼了，这也确有

---

[17]　Provan, *op. cit.*, 51.

[18]　Hillers, *op. cit.*, 3, 13.

[19]　Thomas F. McDaniel, "Philological Studies in Lamentations, I-II," *Biblica* 49(1968), 27-53, 199-220, esp. 32-33. 引用 M. Dahood, *Rivista Biblica ... Italiana* 8(1960), 364-365.

可能。⑳

这种重复，会否特有的文体呢？耶利米书中不乏例证可援（耶四
19，六 14，八 11，廿二 9，廿三 25）。这也成为解经家坚持本书确为"耶
利米"的哀歌的例证。

受苦如果是单独的，更加悲痛，因为在隔绝的孤苦中，得不着任何
安慰。约伯在悲苦中，有这样的表示，他在呼吁友人（伯十九 21，注意
此处也是重复的："可怜我，可怜我！"）。在苦难中无人救助，无人走近。
"救我性命"，也在本章十一节及十九节。"救我性命"，有译为"复兴我
的心灵"，㉑"鼓舞勇气"。㉒

"我的儿女"是指众百姓，本节却以第一人称单数"我"来叙述，实际
是代表耶路撒冷城的众民，应是集体的。

百姓的孤苦，是因为仇敌得了胜。"孤苦"与第四节的"凄凉"（sh-
m-m）同一字根，有"遭灾""被弃绝"的涵义，又有"惊惧"的意思。㉓

一 17 锡安举手，无人安慰。耶和华论雅各已经出令，使四围的
人作他仇敌，耶路撒冷在他们中间像不洁之物。

锡安好似一个有病的人，衰弱不堪，毫无力量，伸手求助。"举手"
实际为伸出手来，向人乞求，手伸出为引起别人注意，因为他连发声哀
求的力量都没有。

但是无人安慰与帮助；在二节及八、九节，耶路撒冷的先前朋友，如
今已成为仇敌，是神许可使四围的人都作她仇敌。"四围的人"可译为
"邻居"。㉔"四围"也可译为"到处""遍地""各方"，㉕真可说是四面
楚歌。

耶路撒冷好似在经期中的妇女，成为不洁，为律法所重视（利十二
2、5，十五 19～26）。以此喻为心灵的不洁（赛三十 22，六十四 5；结七

⑳ Hillers, *op. cit.*, 13.

㉑ F.B. Huey, Jr., *op. cit.*, 454.

㉒ Provan, *op. cit.*, 52.

㉓ William L. Holladay (ed.), *A Concise Hebrew and Aramaic Lexicon of the Old-Testament*, 376.

㉔ *New International Version*.

㉕ *Jerusalem Bible*, *New English Version*，七十士译本及叙利亚译本。

19～20，十八6；拉九11）。这是指罪（赛六十四6；结十六51，廿三5～21；弥三2～3）。

"耶和华已经出令"，在死海古卷（4Q Lam^a）用字不同，可译为"察看"（sph）。㉖

(ii) 省思深感罪愆（一 18～20）

一18　耶和华是公义的！他这样待我，是因我违背他的命令。众民哪，请听我的话，看我的痛苦，我的处女和少年人都被掳去。

耶路撒冷承认神的公义，并她自己的罪。她认清如此受罚是罪有应得的，知道神的道诚哉、义哉。以色列人违背神，是有很久长的历史，甚至在民数记二十章，摩西一再强调他们的背道（10、24节）。"命令"一词，原意为"口"，这是七十士译本所作的。

耶和华的公义，在他对待以色列的作为显明出来吗？或者说，以色列人明知神是公义的，却仍违背吗？现在她必须认罪、受苦中自知错误，不能怪责，只有哀叹。这里可能没有像约伯那样在责问神的公义。

他们该认清认罪的必要，与神和好，必须先求神的赦免（参诗五十一篇）。他们认罪了，仍希望人们的同情，所以呼吁"众民"。这是不常有的，吁求众民的话在圣经中不多（诗四十九2；王上廿二28；弥一2）。

"处女"在本章四节："受艰难"，或被拖走，或蒙羞辱悲哀。"少年人"在十五节，被压碎。处女与少年人代表以色列人的精英，都已遭难，民族中兴的希望就失去了。

一19　我招呼我所亲爱的，他们却愚弄我。我的祭司和长老正寻求食物救性命的时候，就在城中绝气。

在耶路撒冷危急之中，她就求助于"所亲爱的"，是指联盟——埃

及。在本章第二节:在一切所亲爱的中间,可见联盟者还不少,当然最重要的是埃及,但是原为朋友的,现在也都成为仇敌,"愚弄"也正是第二节所说的"诡诈待她"。那些"亲爱的"只袖手旁观,甚至幸灾乐祸,完全不予救助。

祭司和长老是以色列人中的领袖,他们应该保护人民,为人民谋求福祉,解决民生问题,但是现在真的自顾不暇,连生存的机会都不大。他们在饥荒中找食物,也找不到。最后必饿死,在城中绝气,因为无处可逃,城已被仇敌围攻,困在城中,不能逃出。

"救性命"在七十士译本与叙利亚译本作"却找不着"。有的经学家将这一短句删除,以求音节之平衡,于原意无损。㉗

一 20　耶和华啊,求你观看,因为我在急难中,我心肠扰乱,我心在我里面翻转,因我大大悖逆。在外刀剑使人丧子,在家犹如死亡。

上节呼吁人们的同情,本节呼求神的怜悯。此处再认大逆不道的罪,以致有瘟疫、死亡在街头,在家中(可参考申卅二 25)。心肠扰乱、翻转,都是指内里的痛苦。

"心肠扰乱","心肠"可作肠胃肚腹,指情绪的所在,表明心绪十分不宁,又好似海水汹涌,如诗篇四十六篇三节;好似酒起沫"要倾倒出来"(诗七十五 8)。这正如五内如焚。㉘

"我心在我里面翻转。"可引用出埃及记十四章五节"变心",及何西阿书十一章八节:回心转意,转好或转坏。此处是变坏,因为她大大悖逆。犹太译本作:"我知道这样的悖逆是多么的错误!"㉙

"因我大大悖逆"可连在上句,指她内心忧苦的原因,或连于下句,指她丧子死亡的因由,在第二句或在第三句都有可能,连于上句较为通顺。㉚

"在外刀剑使人丧子。"在外是在街道,有刀剑杀戮的事,指战争流

㉗ Hans-Joachim, Kraus, "Klagelieder Jeremia," in *Die Religion in Geschichte und Gegenwait*, vol. III, cols 1627-1629.

㉘ Huey, *op. cit.*, 456, "by inward parts are burning," Note 19.

㉙ *Jewish Publication Society* 译本,参考 Hillers, *op. cit.*, 14.

㉚ C.L. Seow, "A Textual Note on Lamentations 1:20," *Catholic Biblical Quarterly* 47 (1985),416-419.

血,在原文只有"丧"而无"子",可能指在街上发现丧亡的家人,可能是丧子之痛,或许是儿子成为壮丁从事防卫战而阵亡。

"在家犹如死亡",在家应该比较安全,没有暴露出去被杀,仍不能免于一死。"犹如"因字首有介系词(作 like, as),但也可为字的本身,稍为改动,可作饥荒(kapnut)。[31] 在家中因饥饿而死。这里的经义如以西结书七章十五节:"在外有刀剑,在内有瘟疫、饥荒。"耶利米书十四章十八节:"我若出往田间,就见有被刀杀的;我若进入城内,就见有因饥荒患病的……"

还有一种可能的译法。介系词"犹如"(Ki)可译作叙述:"会有","在家会有死亡"。[32]"死亡"也可作"灾害"。[33]

(iii) 等待神罚仇敌(一 21~22)

一 21 听见我叹息的有人,安慰我的却无人!我的仇敌都听见我所遭的患难,因你作这事,他们都喜乐。你必使你报告的日子来到,他们就像我一样。

"听见"可有两种解释,照此处中译词及大多译词,是完成式动词,"那曾经听见我叹息的……"或"他们已经听见了我的叹息"。如果作为吁求的:"求你听我的叹息,无人安慰……"这是向神发出的,不是只在悲叹。[34] 这样的译法也是根据七十士译本及叙利亚译本,但七十士译本的动词是多数:请你们听我叹息,是否指十八节的"众民"呢?[35]

"我的仇敌都听见……"那是耶路撒冷的仇敌,场合就在五、九、十六节描述了。他们是侵略者,令人发指。他们幸灾乐祸,他们因神对耶

[31] Hillers, *op. cit.*, 14.
[32] R. Gordis, *The Song of Songs and Lamentations: A Study, Modern Translation and Commentary*, 159.
[33] F. Perles, "Was bedeutet kmwt Threni 1, 20?", *Orientalische Liceraturzeitung* 23 (1920), 157–158.
[34] Hillers, *op. cit.*, 4, 14.
[35] Provan, *op. cit.*, 55.

路撒冷所作的事、就是施行刑罚的事而快乐,这样的恶毒一定遭报!㊱

现在有一项预言或愿望,"你必"是预言日后必会发生的事。有一天是神报告的日子,或说是宣布审判的时候,他们就像我一样遭灾。如果是愿望,"你必"应改为"愿你",但愿在那么一天,你宣告公义的审判,他们必不幸免,像我现在一样。这样,仇敌所幸灾乐祸的,就是他们日后会遭受的。

一 22　愿他们的恶行都呈在你面前,你怎样因我的一切罪过待我,求你照样待他们,因我叹息甚多,心中发昏。

神的公正,必以同样的方法对待锡安的仇敌,锡安已经自知有罪而切实悔改,他们复兴在望,因神仍施行救赎。但仇敌呢? 他们还在得意忘形,不知悔改。神必会为锡安报仇。这是耶利米屡次的祈祷(耶十一20,十二 3,十五 15,十七 18,十八 21~23,二十 11,又可参考诗一○九1~20)。对仇敌的咒诅,是义怒的表现,因为仇敌憎恶以色列人,是憎厌耶和华真神。这是罪不可宥的。

本章的结语仍是悲叹,仍是求神施以怜悯,让锡安的苦痛暂时得以减少。或者求神施以公义,早日刑罚仇敌。耶和华曾将外邦人作为审判以色列的工具,但他们乘机施行暴虐,过分恶思,怎可见容于神呢? 在悲叹中,求神的公义尽早伸张。

㊱ Hillers, *op. cit.*, 15.

贰 悲公义之审判
（二 1～22）

本书第二首诗，与第一首相似，有两个发言者，叙述人与锡安。前者言词较长，占有十九节，后者只有三节，作为结语。叙述人言词分为两段，一段对一般读者，另一段只对锡安（一 1～12、13～19）。前段与第一首诗相似（一 1～11），描述耶路撒冷城沦陷的灾害。在语气方面却不同了，因为此处完全是第二人称，重点全在锡安的遭遇，十分可怜的状况。在第一首诗卷首语"先前满有人民的城，现在何竟独坐……"（一 1），接着十节道出荒凉的实情，原因是神的审判，只在第五节提说耶和华。第二首的开始叙述："主何竟发怒，使黑云遮蔽锡安城……"。在以下八节一直提到"主"，是主的怒气（1、2、3、4、6 节），再提毁灭的事（2、3、5、6、7、8 节），常有的用词。"吞灭"（billa'），在第二节，第五节两次（中文只出现一次），第八节，以后又在十六节。

在九至十二节的描绘中，重点仍在耶路撒冷灾祸的情况，有冲动的情况（11～12 节），然后向锡安说的话，再强调神审判的作为（16～17 节），劝锡安切实祈求（18～19 节）。于是锡安为听劝而向神哀求（20～22 节）。

本诗与第一首相同，都强调神的刑罚。两首诗都在结束前劝导锡安悔改，锡安似乎在起初还不大服气，认为苦难太大，神罚恶太严厉了。但是叙述人认为神在历史中有公正的作为是不容置疑的。锡安以为敌人不比神的百姓好，而外邦的仇敌却逍遥法外，她却被绳之以法，神岂不过分严厉了吗？其实神的公义是显明的，锡安的灾难正说明她的过犯。惟有认罪悔改，才可蒙受怜恤。锡安果真哀求了，却未彻底悔罪（20～22 节），在她的口气中，仍不住苛责仇敌。

第二首诗，仍与第一首相同，在信仰的观点上探索苦难的问题，神既是良善与恩慈的，他又是无所不能的，怎可容让属他的人受苦？这是锡安的困惑，不是叙述人的问题。在第一首的结语中的问题（一 21～22），仍旧没有解决。

这两首诗的文体仍旧相同，是字母诗，每节三行，音韵方面是哀歌

(Qinah)。本首没有像第一首那么将锡安人格化,只在向锡安发言(20～22节)。

本首诗也没有像第一首那样着重情绪的过程,仍以逻辑的方法次第述出:

一、既是神毁灭锡安:

(一)神的忿怒可怕(二 1～9)

(二)人的哀求堪怜(二 10～17)

(1)百姓苦难频仍(二 10～13)

(2)假先知常扰乱(二 14)

(3)敌人肆意侮慢(二 15～17)

二、惟向耶和华哀求(二 18～19)

三、锡安就哀切祈求(二 20～22)

这在耶路撒冷的历史中,确为最幽暗的日子,神施恩的手已经缩回(3节),他刑罚的手伸出来了(8节)。此处没有律法可以遵循,没有异象赐给先知(9节),这真是创世之前的混沌(创一 1～2)。神离开耶路撒冷,只有新的混沌(20～22节)。

(I) 神的忿怒可怕(二 1～9)

二 1　主何竟发怒,使黑云遮蔽锡安城? 他将以色列的华美从天扔在地上,在他发怒的日子并不记念自己的脚凳。

"主何竟发怒……"也在诗篇一○六篇四十节:"耶和华的怒气向他的百姓发作,憎恶他的产业。"本诗以"何竟"开始,正与第一首诗相同(一 1)。

主在怒气之中,将黑云降在锡安城。"黑云遮蔽"在此处是旧约中惟一出现的,必作灾害。在字根方面,是否与阿拉伯文('yb)有关,那是指"苛责",神在怒中责备锡安城,有人根据诗篇,译为"发作"。亚兰文译词作"憎恶"。[①]

---

① T. F. McDaniel, "Philological Studies in Lamentations," *Biblica* 49(1968),27 – 53, esp. 34 – 35;R. Brandscheidt, *Gotteszorn und Nenschenleid : Die Gerichtsklage des Leidenden Gerechten in Klgl* 3(1983),126.

"以色列的华美",是指锡安,因为锡安是在崇高的地位,是以色列引以为荣的。这正如巴比伦为迦勒底人所矜夸的华美(赛十三19)。这也可能指君王,因为君王的败亡也可有参考的经文(赛十四3～21;结廿八11～19)。华美可能指圣殿,圣殿中有约柜,是以色列的华美。[②]

圣殿也可能是神的脚凳,尤其是约柜。这是历代志上廿八章二节的话。参考诗篇(九十九5,一三二7),敬拜者到神的居所,在他的脚凳前下拜。或许这指圣殿,是神宝座之地,是他脚掌所踏之地(结四十三7)。[③] 其实神的宝座是在天上。他的居所是遥远与超越的,但他却在圣殿象征他的同在,甚至他的脚踏在其上。

锡安崇高的地位终于失去了,因为神将她从天扔在地上,好似堕落在地的星辰(在赛十四12,有这样的描述,指巴比伦;结廿八18指推罗),以色列曾享有圣约的特权,现在却堕落了。神不再记念他们,完全不顾他们,这真是选民的悲哀。

"发怒"在本节提了两次,在节首与节尾,已充分说明本节的要义。神刑罚他们的动机,都是由于他的怒气,这种发怒带来的结果是可怕的,在以下的经文再继续发挥与强调。

二2　主吞灭雅各一切的住处,并不顾惜。他发怒倾覆犹大民的保障,使这保障坍倒在地。他辱没这国和其中的首领。

主的怒气要吞灭雅各,"吞灭"一词曾重复在本章(二5、8、16),是重要的用词。这字曾出现在约拿书一章十七节,大鱼吞了约拿。

主吞灭雅各一切的住处。住处(ne-'ôt)译为"草场"更为贴切。七十士译本与亚兰文译词为"美物"。在旧约多处,这用词甚少用于"住处"(耶九10,廿三10,廿五37;珥一19、20,二22;摩一2;诗廿三2,六十五12,七十四20,八十三12)。这里是指一切的土地。

"雅各"是以色列民的统称,并非指北方或北国,因为它的同义字为犹大。所有的地土都要吞灭,一切的保障都要倾覆;保障不仅是据点,

② Iain Provan, *The New Century Bible Commentary*: *Lamentations*, 59.

③ B. Albarektson, *Studies in the Text and Theology of the Book of Lamentations*, *with a Critical Edition of Peshitta Text*(1963),85 - 86; Provan, *op. cit.*, 59 - 60.

也是指城市,是那些有防御的城,为保障人民的安全。

"辱没"最好的解释,是在诗篇八十九篇卅九节:"践踏"。神感到厌恶,也有译为"使其受伤"④

"这国"在七十士译本作"君王",可能较为合理,因为此处将君王与首领并列,神在怒气中使他们降卑。大多学者认为"君王"的译词有充分的理由,虽然希伯来文只作"国",但如果"国"也合理,指国家整体与首领集团,都遭神辱没。⑤

二 3 他发烈怒,把以色列的角全然砍断,在仇敌面前收回右手。他像火焰四围吞灭,将雅各烧毁。

神在怒气中砍断以色列的角,角是象征力量,是神所赐的,神为尊荣高举以色列,使他们有力量的(参撒上二 10;诗一一二 9)。但人若高举自己的角,妄自骄傲,是神所憎恶的。诗篇七十五篇五节:"不要把你们的角高举,不要挺着颈项说话。"神砍断的是恶人的角(诗七十五 10),可见神看以色列为恶人。这里似以野牛为喻,因为野牛举角自卫,象征着骄妄(诗九十二 10)。神要使以色列完全失去能力。⑥

祂收回右手,右手也指力量,神收回他的能力。如果参考耶利米书四十八章廿五节:"摩押的角砍断了,摩押的膀臂折断了。"角与膀臂相提并论,那么此处"右手"不是神的,而是以色列人的。神也使以色列人的右手或力量全都废去,不再有效。

"火焰"此处好似第一节的"黑云",都指神的同在与忿怒。云与火原来都是象征神的引导(出十三 21～22),但此处的用意是相反的。火焰如在四围,是无法逃脱的,这样的毁灭也必是全然的,十分彻底。神是烈火,火象征审判(诗十一 6;赛廿九 6;摩二 4～5,七 4;番三 8;太十

---

④ D.N. Freedman 的建议,并非出于著作,参考 Delbert R. Hillers, *Lamentations*, 36.

⑤ W. F. Albright, "The Oracles of Balaam," *Journal of Biblical Literature* 63(1944), 207 - 233, on p.218, n.70, "A Catalogue of Early Hebrew Lyric Poems (Psalm LXVIII)," *Hebrew Union College Annual* 23/1(1950 - 1951), 1 - 39, on p.34; H. Gottlieb, *A Study on the Test of Lamentations*, 24 - 25.

⑥ Edouard Paul Dhorme, "L'emploi métaphorique des noms de parties du corps en hébreu et en akkadien," *Revue biblique* 29(1920), 465 - 506, 30(1921), 374 - 399, 517 - 540, 31 (1922), 215 - 233, 489 - 547, 32(1923), 185 - 212.

八 8;启二十 10),火会将雅各烧毁。

二 4　他张弓,好像仇敌。他站着举起右手,如同敌人,将悦人眼目的,尽行杀戮。在锡安百姓的帐棚上,倒出他的忿怒像火一样。

在第二节,耶和华是战士,在本节,他仍是战士,张弓攻击以色列,好似仇敌一样。"好像仇敌"又"如同仇敌",以为重复。看来神又张弓,又拔剑(诗七 13;亚九 13;又赛四十一 2;诗卅七 14)。

右手是指力量,上节右手或指神,或指以色列。但此处指神,应可确定。站着举起右手,完全是敌对的态度,⑦有译为"稳健地抬起敌对的右手"。⑧

"悦人眼目的"有译为英俊的男子。⑨ 但"悦人"在一章十节"美物"是同一个字,这指贵重的物件,此处则作尊贵的人,全被杀害了。⑩

锡安的帐棚可能指住处,而非指圣殿或军营。虽主张军营的,是根据这个思想,耶和华是战士。⑪

这里"仇敌"大概是指巴比伦,因为神以巴比伦为审判的工具(耶廿五章)。

神的忿怒好似烈火,他倒出火来烧毁,好似他曾刑罚所多玛、蛾摩拉,神是公义的,断不以有罪为无罪,审判是无可避免的了。

二 5　主如仇敌吞灭以色列和锡安的一切宫殿,拆毁百姓的保障,在犹大民中,加增悲伤哭号。

本节似为一个总括,因为语多重复,如"吞灭""保障"等,尤其是重复第二节。

主怎么如同仇敌呢? 是否他容让恶存在? 有若干经文可资参考:出埃及记四章廿一节,神任凭埃及的法老王的心刚硬(十四 8)。撒母耳记上四章三节,以色列人战败,是耶和华使他们败在非利士人面前(十六 4)。以赛亚书四十五章七节:"我造光,又造暗;我施平安,又降灾祸;造作这一切的是我耶和华。"神有绝对的主权,他掌管人的一切。

⑦ R. Gordis, *The Song of Songs and Lamentations*(1974),63.

⑧ *Jerusalem Bible*.

⑨ Hillers, *op. cit.*, 31,37.

⑩ Hillers, *loc. cit*, (37).

⑪ H.-J. Kraus, *Klagelieder*(1968),43.

所以神吞灭与拆毁,也都是他的作为。

"宫殿"的字尾代名词是阴性,她的一切宫殿,"她"指锡安。"保障"的字尾代名词是阳性,"他"指百姓,"他"的保障。有的解经家将"她"改成"他",以求统一。⑫ 但是"犹大民"原意为"女儿犹大",百姓常以女儿来描绘,是阴性的,可能"他"字应改为"她",似乎更为贴切。

"悲伤哭号"这两个用字的尾音相同,成为美妙的音韵(taʾᵃnîy -yāh waʾᵃniyyah)。拉丁文译词就设法符合原文(humiliatum et humiliatam),英译词也作此努力(mourning and moaning),⑬ 为发挥原意的美。

二 6 他强取自己的帐幕,好像是园中的窝棚,毁坏他的聚会之处。耶和华使圣节和安息日在锡安都被忘记,又在怒气的愤恨中藐视君王和祭司。

神强取自己的帐幕,这帐幕是指以色列,以色列原为耶和华居住之处,现在神却自行毁灭他们。另一解释:这帐幕是指圣殿,因为圣殿是聚会之处,是使众人来守圣节的所在。诗篇廿七篇五节:帐幕是圣殿。

聚会之处,是圣会守节的场合,会是指会众或聚会(诗七十四 4),所用的字在多处有此含义。⑭ 这也是亚兰文译本的解释。"聚会之处"有译为"固定节日的聚会之处",是照七十士译本与叙利亚译本,⑮ 因为这两种译本就译为"节日",他们的节日为神所废弃,神不要他们记念。下一句再加以补充,圣节与安息日都被遗忘了。

神强取,似乎是他掠夺,其实是指他任其荒废,好像是圈中的窝棚。"园"可能是葡萄园,因为这是七十士译本的解释。"窝棚"也可译为"篱笆",有范围,这被拆毁之后,成为荒废的田园。⑯ 园中的窝棚原为看守

---

⑫ Kraus, *op. cit.*, 37, Albrektson, *op. cit.*, 93.

⑬ T. J. Meek and W. P. Merrill, *The Book of Lamentations*, *The Interpreter's Bible*, vol. 6, 18.

⑭ Morris Jastrow, "The Meaning of mōʿed," *Zeitschrift für die alttestamentlich Wissenschaft* 15(1895);Hillers, *op. cit.* 的引用。

⑮ Provan, *op. cit.*, 64.

⑯ F. B. Huey, Jr. *The New American Commentary*:*Jeremiah*, *Lamentations*, 461.

园子的,收获期过去之后,就任其荒废(赛一 8;伯廿七 18)。

"强取"或可作"凶猛地毁坏",拆毁帐幕,好似毁坏花园一般,或是将帐幕拆掉,不能居住,只像一座荒废的园子,如果根据七十士译本,将"园"译为"葡萄",可指葡萄园,也可指葡萄树。后者有这样的译法:将帐幕拆去,好似砍掉葡萄树。[17]"帐幕"就译为树枝,参考的经文在约伯记十五章卅三节,描写树木的凋谢。在主耶稣论葡萄树的比喻,凡不结果子的枝子,他就剪去(约十五 1～7)。先知以赛亚曾以葡萄园喻以色列,令神失望(赛五 1～7)。[18]

圣节与安息日,是聚会敬拜与庆祝的日子,场合热闹又充满欢乐。但是神要使锡安忘记,不再记念,除去一切守节的那种美好回忆。"忘记"(sh-k-h),可参考本书五章二十节。此处以这种加重语气的动词方式(Piel:intensive stem),在旧约中只出现一次,直译为"就此中止了"。[19] 节期废除了,以色列民族的信仰就不再维持,可见问题的严重性。

"君王和祭司",在七十士译本作:"君王祭司和首领",他们在国内领导的权威就失去了。"祭司"是单数,可能指大祭司。这是亚兰文译本的解释,也可参考列王纪下廿五章十八节起的记载,在巴比伦来侵占犹大时,全都遭灾。节期废除了,民族生命在垂危中也失去常态。礼拜的事既不能再继续,以色列就失去敬拜的民族的特性。"祭司"虽为单数,可能不仅指大祭司,也指祭司群体,他们不再有尊贵的职分,领导以色列民族的宗教生活。

二 7　耶和华丢弃自己的祭坛,憎恶自己的圣所,将宫殿的墙垣交付仇敌。他们在耶和华的殿中喧嚷,像在圣会之日一样。

神要废除以色列敬拜的事,本节再继续论述。神不再要他们的祭物,所以丢弃祭坛,拒绝他们的敬拜献祭,他甚至憎恶他的圣所,因为他憎恶那些敬拜者。神不再与他们同在,他已经离开他们,这正如先知以西结看见的异象,耶和华的荣耀离开圣殿,他不愿意离开,却又不能不

---

[17] McDaniel, *op. cit.*, 36 - 38; Albrektson, *op. cit.*, 94,96 - 97; *New English Bible*.

[18] *Revised Standard Version*.

[19] Krous, *op. cit.*, 44.

离开，他的离去是徐缓的，他实在十分留恋，但他恒久忍耐，并没有引发以色列的悔改，他从施恩座至门槛，又从那里到东门，再从这大门到城东的山，最后就离去了（结九、十章）。

神不但离开圣殿，也离开圣城，将宫殿的墙垣交付仇敌，使他们可以长驱直入。城破而陷，民族的生命就此败亡了。

那些仇敌以胜利者的姿态，进了城，也随意进耶和华的殿，大声喧嚷，庆祝他们的胜利。这是骄妄亵渎的声音。想以前在圣殿中有喧声，但那是敬拜者赞美神的欢乐的声音，那时守节多么令人兴奋，但现在取代的，却是异族征服者的喧哗。

二8　耶和华定意拆毁锡安的城墙，他拉了准绳，不将手收回，定要毁灭。他使外郭和城墙都悲哀，一同衰败。

上节的毁灭是圣殿与宫殿，本节的集中力在圣城，神定意要拆毁城墙。

"定意"在七十士译本译词为"转意"，或说主现在转向城墙，也在毁灭的范围之内，神次第地执行他的审判。

他拉了准绳，拉准绳可指建筑前的量度（赛四十四 13；亚一 16；伯卅八 5），但此处是指毁坏（王下廿一 13；赛卅四 11，可能也包括赛廿八 17）。[20] 建筑固然需要用准绳，拆卸或拆屋也应用准绳衡量。[21]

主不将手收回，必会十分彻底地执行，不再留情。这是神断然的行动（参王下廿一 13；赛廿八 17，卅四 11）。[22]

"外郭与城墙"，可参考以赛亚书廿六章一节，有这两者是坚固的城：不仅是物质方面，也有属灵的象征：耶和华要将救恩定为城墙、外郭。但现在坚固的城必会毁灭，神的救恩不再临到锡安。这就是悲哀的原因。

---

[20] Hillers, *op. cit.*, 38.

[21] B. B. Kaiser, "Poet as 'Female Impersonator,': The Image of Daughter Zion as Speaker in Biblical Poems of Suffering," *Journal of Religion* 67(1987), 64 - 182, esp. 336.

[22] Gilbert Brunet, "Les Lamentations Contre Jérémie: Réinterprétation des quatre premières Lamentations," *Bibliothèque de l'Ecole des Houtes Études*, *Section des Sciences Religieuses*, vol. LXXV(1968), 189 - 198.

城墙与外郭不再坚固，只有衰败，被外邦的侵略者捣灭，失去保护的功效，没有安全，更无喜乐可言，只有悲哀。悲哀不只是态度与情绪，而是实况，因为圣城沦落了，荣华完全消失。

二9　锡安的门，都陷入地内，主将她的门闩毁坏、折断。她的君王和首领落在没有律法的列国中，她的先知不得见耶和华的异象。

锡安的门人格化，好像一个人，陷在地内，陷在苦难之中。诗篇六十九篇二、十四节，陷在深淤泥中，无法自拔。耶利米书卅八章廿二节也有类似的描述，也指泥足深陷，在无助之状况之中。在前一节（二8）外郭与城墙都悲哀，此处继续提说，连城门也在受苦。再可参考一章四节：城门凄凉。

在旧约，城的防守全在城门与门闩，申命记三章五节："这些城都有坚固的高墙，有门、有闩……"（可参考撒上廿三7下；代下八5）。主将她的门闩毁坏，城就失去保障，必会陷落在敌人手中。以下就有这样的叙述。

君王与首领是政治的领袖（首领在一6已有解释）。他们被掳的事最为明显。他们被掳到外邦，是没有律法的列国。以色列人因不守律法而受审，他们既不尊重律法，就被遣到没有律法之地。这是被掳的原因。再看被掳的后果。君王与首领，原是律法的执行人，他们被掳，一切律法不再有效，也不再付诸实施了。他们就不再有律法，没有神继续的训诲。

律法的训诲原出于祭司，司法行政才是政治的当局来执行。现在再看先知的职事，他们有从神而来的异象，先知的异象是他们从神领受的信息。他们既失去祭司与先知的教导，必然不再有神的启示与看顾（参耶十八18；结七26以及弥三11）。于是以色列社会的结构与秩序不复存在，完全在混乱之中。箴言廿九章十八节："没有异象，民就放肆。"

（II）人的哀求堪怜（二10～22）

前段是客观的分析，从观察的现象，看清神公义的审判。本段是主观的感受，有很深的恐惧与悲哀，无法含忍，心须倾诉，好似河口决堤，倾下激流。

（i）百姓苦难频仍（二 10～13）

二 10 锡安城的长老坐在地上默默无声，他们扬起尘土落在头上，腰束麻布，耶路撒冷的处女，垂头至地。

长老与前节的首领与先知，都是社会中的领导者，他们都同蒙羞受辱，在困苦悲哀之中。

将尘土扬起落在头上，又腰束麻布，是举哀的动作（书七 6；结廿七 28～31），"默默无声"可有不同的解释，或指悲哀，依据的经文在以赛亚书廿三章二节：静默无声地悲哀。㉓ 这或指他们失去领导的地位，无话可说，因为无人再尊重他们的智慧。㉔

这里的静默可能只指悲哀，因为举哀是需有几日的静默，如约伯的朋友为他举哀（伯二 12），举哀以扬灰的动作，是人终究必归于尘土，死亡必带来悲哀。

长老是老人，而处女指青年，在年龄方面可谓两大极端，可见这两种人是指所有的居民。少女垂头至地，也指自卑的姿态，以赛亚书五十八章五节，垂头好似苇子，抬不起头来，满心羞愧，自感卑贱（参伯十 15），仍指悲哀。

二 11 我眼中流泪，以致失明；我的心肠扰乱，肝胆涂地！都因我众民遭毁灭，又因孩童和吃奶的在城内街上发昏。

流泪太多，以致眼力消耗尽了，中译词"失明"可能真有这含意。有的译词："我的眼睛因泪水而看不清了。"（New English Bible："my eyes are blinded with tears."）"失明"也在四章十七节以及诗篇六十九篇三节，一一九篇八十二节、一二三节。

心肠扰乱，也在一章二十节，表明情绪的纷扰，极其不安，极为激动。

肝胆涂地，在旧约只有此处提及，诗篇七篇五节："我的荣耀归于灰

㉓ McDaniel，*op. cit.*，38‒39；*New English Bible*.

㉔ N. Lohfink，"Enthielten die im Alten Testament bezauten Klageriten eine Phase des Schweigens?" *Vetus Testamentum* 12（1962），260‒277.

尘。"肝(kābed)与"荣耀"(kābôd)字根相同,因此在七十士译本与叙利亚译本都将"肝胆"译为"荣耀",可参考诗篇十六篇九节,三十篇十二节,五十七篇八节及一〇八篇一节。这是指情绪过分激动,有时也指祷告的倾吐(撒上一15,诗六十二8)。

孩童与吃奶的在街道上,原意为广场上,母亲为幼儿到处觅食,但在公众地方仍找不到,幼儿们过分饥饿,以致衰弱到昏厥,濒死亡的边缘。

二12　那时,他们在城内街上发昏,好像受伤的,在母亲的怀里,将要丧命,对母亲说:谷,酒在哪里呢?

此节继续上节的描述,发昏的孩童过分饥饿,只有依偎在母亲怀里,或躺在母亲膝上,在垂死中乞食,但仍得不着,他们生命脆弱得将要丧失,可能实际死在母亲的怀里。

谷,酒当然不是幼儿寻觅的,只通常指食物;他们终于饿死。如在先知书看相反的一幅画面,孩童在耶路撒冷街上的嬉戏,那是在城市收复之后,人们不再有匮乏的恐惧,先知在盼望中憧憬的(耶三十18～20;亚八5)。但是现在的情景只有阴暗的一面,令人感叹。

这正是诗篇一〇二篇的标题:困苦人发昏的时候,在耶和华面前吐露苦情。哀歌的诗人有同样的情怀,感到无限的辛酸与悲苦。儿童因饥荒死亡,尤其使人感到极其痛苦。

二13　耶路撒冷的民哪,我可用什么向你证明呢?我可用什么与你相比呢?锡安的民哪,我可拿什么和你比较,好安慰你呢?因为你的裂口大如海,谁能医治你呢?

从描述耶路撒冷城,至直呼耶路撒冷民,实为直接的感受与亲切的关爱,作者与他们完全认同,同受苦难,却无法安慰,万分痛苦,这节经文可联想主耶稣为耶路撒冷哀哭(太廿三37)。

作者无法想象,手足无措,不知怎样来维护,"证明"是见证,为他们说话,给予同情与支持。约伯记廿九章十一节"眼睛看我的",表明关怀与赞同,就有这样的涵义。但这种的同情却无济于事。"证明"一词也可参考诗篇二十篇八节,起来,立得正直,支持那受压被欺凌的,这似为亚兰文译本的用词。㉕ 诗篇一四六篇九节"扶持",似为更好的涵义。

─────────────

㉕ Gordis, *op. cit.*, 164.

"相比……比较",似乎没有任何历史的前事可以引证。这样的灾祸实在是空前的,无可比较。神是审判者,他的作为无可比拟,这是先知耶利米信息中所强调的(耶四十九 19)。看来圣城的毁灭是不能复兴了。

"裂口"是伤口,伤口太大,不能愈合。"裂口"原意为"杯",这毁灭的"杯"愈来愈大,无法弥补,不能挽救,伤处无法得到医治。

海是十分辽阔广大,面积尺寸之大,似无法想象。可见伤痕大得不能医治。海常被用来描述神的伟大。约伯记十一章八、九节:他的智慧高于天……其量,比地长,比海宽。可参考以赛亚书四十八章十八节及诗篇一○四篇廿五节。申命记三十章十二、十三节,将天上,海外喻为不可及的距离。锡安的损伤与破裂,也无恢复的可能。

(ii) 假先知的扰乱(二 14)

二 14　你的先知为你见虚假和愚昧的异象,并没有显露你的罪孽,使你被掳的归回,却为你见虚假的默示和使你被赶出本境的缘故。

耶路撒冷失守,应怪责假先知的虚妄,因为他们说谎言,强调耶路撒冷的安全,并且予以保证。他们只是投人所好,迎合人的心理,却是虚假与愚昧(参耶十四 13～16,廿三 13;结十二 24,十三 3～23;弥三 6;彼后二 17～19)。他们的神学似是而非,当然神确能保护耶路撒冷,不被仇敌所侵。但他们都忽略一项真理:神的福分必须有人民的顺服(申十一 26～29,廿八 1～68),先知若暴露人的罪,促他们悔改,灾祸才可避免(耶廿三 18～22),如果只给予虚假的盼望,不责备罪,就没有尽责(结三 17～21,十三 15～16)。

"愚昧"一词,在以西结书十三章十至十五节及廿二章廿八节:"未泡透的灰抹墙"或可译为"粉饰"(whitewash),他们确粉饰太平,说:"平安了! 平安了! 其实没有平安。""他们轻轻忽忽地医治我百姓的损伤。"(耶六 14;结十三 10)

以色列若真能悔改,他们被掳仍必归回,而且根本不受被掳的痛苦。"被掳归回"在耶利米书卅一章廿三节、卅二章四十四节都曾提及。同样的用词在约伯记四十二章十节:"从苦境转回。"

真先知何尝不盼望有安慰与医治的可能,但实情并非如此,所以十分无奈。

(iii) 敌人肆意侮慢(二 15～17)

二 15 凡过路的都向你拍掌。他们向耶路撒冷城嗤笑、摇头,说:难道人所称为全美的,称为全地所喜悦的,就是这城吗?

锡安毁灭之大,凡过路目击者都可作见证的,这些过路的,也是下节所说的仇敌。凡描绘城市地土的荒凉,有多处经文可资参考(王上九8;耶十八 16,十九 8,四十九 17,五十 13;结五 14,卅六 34;番二 15;诗八十 12)。

"拍掌"是一种憎恨的表示(民廿四 10;伯卅四 37),也可译为"指责"。在一般的观念,"拍掌"是幸灾乐祸那种恶毒的高兴,可能有这样嗤笑的态度。

"嗤笑"原意为发嘶声,或吹口哨,与"摇头"相同(王下十九 21;诗廿二 7),是憎恶的举动。

"锡安"被称为"全美"或"完美",七十士译词为华美之冠。这是被称为全地所喜悦的(参诗四十八 2,五十 2)。圣城的完美全在神的拣选与他的福分。

耶路撒冷固然在物质方面遭毁灭,但在精神方面更受损害,因为这是更大的痛苦(耶十八 18～23)。

二 16 你的仇敌都向你大大张口。他们嗤笑,又切齿说:我们吞灭她,这真是我们所盼望的日子临到了! 我们亲眼看见了!

仇敌都大大张口在辱骂,咬牙切齿表明无限的憎恶。前者是以口舌羞辱(伯十六 10;民十六 30),后者是仇视与讽刺(诗卅五 16,一一二 10;伯十六 9)。

"我们吞灭她",其实是耶和华在吞灭(2、5 节),但仇敌认为这是他们的功劳,归功于自己。

仇敌们所盼望的日子,是主发怒的日子(1 节)。这是他们的目标,这目标终于达成了。

十六节是否应与十七节对调呢? 因为这字母诗照字母的排列,十

七节应在前,十六节在后,但照经义,十七节在后,较为合理。㉖

　　二 17　耶和华成就了他所定的,应验了他古时所命定的。他倾覆了,并不顾惜,使你的仇敌向你夸耀,使你敌人的角也被高举。

　　仇敌夸耀耶路撒冷被毁出于他们的功劳,其实却是耶和华在古时所命定的(参利廿六 14～45;申廿八 15～68;耶五十一 12;亚一 6)。这样的想法,在本章一至八节已经说明;在早期先知阿摩司书五章十八至二十节也早已预言了。

　　这如果不是神发怒的日子,仇敌想要盼望的日子,永远盼望不到(16 节)。耶路撒冷倾覆是出于神,人原无力将她吞灭的。

　　神对以色列实在太失望了,以致忿怒中不再顾惜,甚至许可仇敌夸耀,扩张他们的权力,使他们的角高举。这是神命定的,神并非预定,而是预知,预先知道他们(以色列)的失败,虽然忍耐,却忍无可忍,以致都不再顾惜他们。这是选民莫大的悲哀。

　　主不再顾惜,早在本章二节提说了,以色列不再有神的荣耀,仇敌的荣耀反而扩张了。"角"指力量,但也有译为"尊荣"的(New English Bible)。在本章第三节:神发烈怒,把以色列的角全然砍断。耶和华全能的神仍有权能,掌管一切,他是历史的主!

(iv) 吁请锡安求神(二 18～22)

　　二 18　锡安民的心哀求主。锡安的城墙啊,愿你流泪如河,昼夜不息;愿你眼中的瞳人泪流不止。

　　这是一项呼吁,锡安必须真诚而热切地向神祈求,这也是一种愿望,愿锡安民的心真的肯哀求主,此处中译词是一种叙述,叙述他们在哀求,原文中只有"民",并未指明锡安,但这民必是锡安的居民。若干新译本多译为劝导的命令词:"你们大声呼求主吧!"(Revised Standard Version, Jerusalem Bible, New English Bible)也将"锡安民"译作称呼,这样有以下的同义字:"锡安的城墙",此处为"锡安的居民",也有极

㉖ Huey, *op. cit.*, 464.

好的对称字，但城墙若指保护，主是锡安的保护者，锡安的城墙。

哀求应带有悔罪的眼泪，流泪或只为受苦而哀痛。但流泪一定很多，以过分夸张的描写，说泪水可汇成江河。但这哀求是不止息的，是不住的祷告，不住的祈求。昼夜不息，原意为在夜间初更开始，一夜有三更，必继续下去。㉗ 有译为"夜间"，指晚上的开始（Jerusalem Bible. 'in the early hours of darkness'）。这种不止息的祷告，也是诗篇的作者所着重的（诗六十三6），连眼中的瞳人也不止息，仍流泪不止。"瞳人"在七十士译本的原意为"女儿"，眼睛中的女儿必指瞳人，可参考申命记卅二章十节，诗篇十七篇八节。此两处并非用"女儿"，而是瞳人（'ishin）。

二19　夜间，每逢交更的时候要起来呼喊，在主面前倾心如水。你的孩童在各市口上受饿发昏，你要为他们的性命向主举手祷告。

夜晚通常分为三更，这是在三更之初（士七19）。这是否就在晨更（撒上十一11）？有的译为"夜晚的开始"（如在 Jerusalem Bible），中译词"交更的时候"可能最为正确，也是经学家大体的见解。㉘

这里并非说她在夜晚睡觉时，仍向神祈祷。诗篇六十三篇五、六节有类似的描述，但并不相同，因为诗篇所表达的，是十足的快乐，此处却适得其反，只有悲切的哀求。她不能安睡。诗篇七十七篇二节："我在患难之日寻求主，我在夜间不住地举手祷告，我的心不肯受安慰。"在上节，她流泪不止，在此节，眼泪从心中流出来，好似水倾倒出来。

她的哀求是为饥饿中的孩童，这在十一、十二节已经描述，现在举手为孩童活命代求。这下半节有人认为可以删除，因为这节长度不匀，㉙但并不成理由，例如一章七节同样有嫌长的说法，实际并无需要来作异议，其实有这一短句，内容更为清楚。

二20　耶和华啊，求你观看，见你向谁这样行！妇人岂可吃自己所生育，手里所摇弄的婴孩吗？祭司和先知岂可在主的圣所中被杀

㉗ W. Rudolph, *Die Klagelieder*(1962),226；O. Kaiser, Klagelieder, in *Sprüche Prediger*, *Das Hohelied*, *Klagelieder*, eds. H. Ringgren et al.(1981),340.

㉘ 同上。

㉙ R. Brandscheidt, *Gottszorn und Menschenleid*, *Die Gerichtsklage des leidenden-Gerechten in Klgl 3*,133.

戮吗？

本诗最后三节,锡安直接向神呼求。她看清自己处境的悲惨,只求神注意。这与一章十一节十分相似,哀求神的怜悯:神啊,你这样对待的,究竟对待谁呢？ 这是神的选民在受苦,好似抱怨神忍心。神若对待锡安与其中的居民,那么神是否还有怜悯呢？ 他们实在受苦太深了。

此处所说的,是妇女与孩童,社会中最无助的一群。又有祭司和先知,社会中最重要的人物,无助者更加无助,妇人因饥荒想活命,怎可吃自己生养的儿女？ 这虽是言过其实,但也必是实情,岂非惨绝人寰？ "手里所摇弄的"有不同译词,有的着重婴孩的幼小,还在母亲的怀抱,仍极需要照顾。七十士译本作:"还在母怀里喂奶……"那么幼小,却在饥荒之中。

祭司和先知竟在圣所中被杀,简直无可想象,那一定是遭敌人陷害的。可见整个社会就解体了,因为敌人来侵,不仅破坏了社会基础的家庭,也拆毁了社会结构的宗教团体及敬拜之处。这样,社会的秩序不复存在,一切都瓦解了。

二 21　少年人和老年人都在街上躺卧,我的处女和壮丁都倒在刀下。你发怒的日子杀死他们。你杀了,并不顾惜。

在敌人破城攻入的时候,屠杀的事不但必然发生,而且几乎是全然灭绝。所有的人,男女老少都必死亡,似乎无一可以幸免。

在街上躺卧,并非指他们无家可归,在街上露宿,而是描述他们死于非命,他们的尸首横陈在街头。敌人的屠杀,不仅老年人无法抗拒,少年人也同样无助。他们是壮丁,更是在杀灭的人们之中。

少年人似指壮丁,但常与少女一同提及(一 18),他们是社会的精英,都被杀害。这是敌人的暴行,如果神不允许,这样的事还是不会发生。可见这是神公义的审判,那些人被杀,实际是神杀的,因为他不再顾惜。神并不顾惜,在本章提说了三次(2、17、21 节)。

二 22　你招聚四围惊吓我的,像在大会的日子招聚人一样。耶和华发怒的日子,无人逃脱,无人存留。我所摇弄所养育的婴孩,仇敌都杀净了。

回想以色列昔日的欢乐,神招聚他们一起来守节。守节是大会,有盛举、敬拜、相交与饮食的享受,这日子是可记念的。但现在神招聚他们，却不再有欢乐，而有悲哀与哭泣；因为这是神发怒的日子，公义的审判必将实施了。

四周的惊吓是指敌人四围来侵，使他们被围攻，无法逃脱，不仅四面楚歌，都是惊吓，而且走投无路，任何一面都是惊怕的事，使他们动弹不得。"惊吓"另一个译词为"寄居的"（参创四十七9）。这个译词来自七十士译本，可能指耶路撒冷回乡的人，逃难至圣城，以为可得安全。其实来到此处，照样被杀，无人逃脱，无人存留。如果参考以赛亚书卅一章九节，"惊吓"可能是比较正确的用意。在耶利米书多处（六25，二十3、10，四十六5，四十九29）以及诗篇（卅一13），都译作"四围的惊吓"。㉚

"无人逃脱，无人存留。"真是无一幸免吗？这多少有些言过其实，可参考一章三、四节。但此处确强调灾难的普遍与严重，本章十、十二节也有类似的描述。

在灾害中，连婴孩也不可幸免，第二十节已经提说。照阿拉伯的语意，是指婴孩安全的诞生，而并非指看顾（摇弄）。㉛ 婴孩即使安产，却因战祸夭折。

七十士译词甚为不同："我要加增所有的敌人力量，并使他们加增"。㉜ 但本节下的重点，在于锡安是母亲，为被杀的婴孩哀哭。

㉚ A. M. Honeyman，"Magor mis-sabib and Jeremiah's Pun，"*Vetus Testamentum* 4 （1954），424 - 428.

㉛ Albrektson，*op. cit.*，120.

㉜ Albrektson，*op. cit.*，125 - 126.

叁　望广大之信实
（三 1～66）

　　本书第三首诗与前两首迥然不同，不仅长度增加三倍（第一、二首为廿二节，第三首为六十六节），而且内容方面似乎不再凭吊耶城的倾覆。况且其悲叹的口吻较为个人化。

　　本诗与前两首同为字母诗，由于篇幅长，每一字母在首行需重复两次，每节仍有三行，在每节之首，有同一字母的字出现三次，不仅字母重复，有时用字也重复（如 gaddar，"围住……挡住"，7、9 节；tōb，"原是好的"，26、27 节；ki，"因"，31～33 节；sakkotah，"遮蔽"43、44 节；'eni，"我的眼"，49、51 节；raitāh，"伸冤"，58、59 节）。这些字都出现在一行之首，经翻译就不明显了。其他重复的字根也曾出现在十一、十九节（dᵉrakay，darak），十九、二十节（zᵉkor，zākor）。字母诗每在同一个字母的组合中，思想有连贯，也有分开，颇有起承转合之功用，可参考三至四节，六至七节，十二至十三节，十八至十九、二十节，廿一至廿二节，四十二至四十三节起，四十八至四十九节起，六十至六十一节起，这样使段落分明，不会混淆。这首字母诗的精细比诗篇一一九篇，有过之无不及，真是秀丽非常。①

　　本诗的体裁是综合性的诗（mischgattung），这也增加解释的困难，因为经学家注意这种诗体，会查考本诗的作者究竟是一个，还是数个，与本书其他的诗呢？都是问题。②

　　这诗正如本书其他的诗，都是采取哀歌的形式（一、二、四章），但这是个人的哀歌，还是集体的哀歌？本首诗的开端"我"是单数，而四十至四十八节述明"我们"，既是多数，是否指民族整体呢？也许"我"也指整

---

① Delbert R. Hillers，*Lamentations*，the Anchor Bible（1972），61.
② Robert Gordis，*The Song of Songs and Lamentations*（1974），171；Gunkel-Begrich *Einleitung in die Psalmen*，400；W. Rudolph，*Die Klagelieder des Jeremias*，45.

体,但代表集体的,指锡安或犹大。③ 有的学者解释为个人,甚至指出历史的人物:如约雅敬王,④先知耶利米。⑤ 还有学者将"我"分为不同的个人,五十二至六十六节是另一个"我",另一位。如果"我"是指锡安,但第一、二首的锡安是母亲、女性的。本诗却用男性(gebel)。⑥ 性别不足以构成理由,因为从不同角度来看,象征不同,仍可指同一件事,个人是哀歌者,但个人究竟代表整体,就是指锡安和人民。⑦

　　本章开端的"我",必指一位男士(geber),不仅在二十节前,也在廿七节,卅五节及卅九节,这是指那叙述者,之后由锡安发言,那么本首诗至少有两个人说话。查考第一首(一章)及第二首(二章),都是锡安发言。有一位专叙失望,另一位专指盼望。失望者是叙述的人(1~18节)。但在失望之余,又可觉察盼望的更新(19~21节),他深信他们最后必蒙拯救(22~33节)。神是否真在控制历史呢(34~36节)? 神的权能却不可忽略(37~39节)。所以在面向反对的论调,总得忍耐,不必多说(39节)。他劝导人们悔改与祷告,虽然苦难仍未除去(48~52节)。他再恳切求神的拯救(52~66节)。在整首诗里,失望与希望交织着,甚难分出不同的人。或许这正是一种个人属灵的经历。究竟有几个人发言,实在没有结论。⑧

　　这首诗哀叹的,与第一、二首诗极不相同。本诗的悲歌不是在哀叹耶路撒冷的惨状,而是为苦难而悲哀。此处所提说的苦难,未必只指圣城的厄运,似乎比较笼统。对这诗的内容与结构所以如此模糊,是不易明白作者实际的心态。经学家称之为"无定人格"(fluid personality),指人格并不固定,似乎是漂动的,常指仆人的诗中的人物。在以赛亚书后半部,仆人究竟指谁? 有时似指个人,有时却指集体,又有时两方面

---

③ Iain Provan, *The New Century Bible Commentary*: *Lamentations*(1991),80-84.

④ Gordis, *op. cit.*, 171, 引用 Stade, Budde 的见解。

⑤ Gordis, *op. cit.*, 171, 引用 Stade, Löhr, Rudolph, Meek, Hillers 的见解。

⑥ Provan, *op. cit.*, 80.

⑦ B. Abrektson, *Studies in the Text and Theology of the Book of Lamentations with a Critical Edition of the Peshitta Text* (1963), 126-128; H. Gottlieb, "Das Kultische Leiden des Konigs: Zu den Klageliedern 3, 1," *Scandinavian Journal of the Old Testament* 2 (1987),121-126.

⑧ Provan, *op. cit.*, 83-84.

都混为一谈。如果不作断言,却在两方面都可适用。本来这是指民族整体,也指特选的子民,是审判后的余民。但这也同时指整体中的每一分子,任何一位都是以个人身份,也可用个人身份关系民族群体。事实上整体与个体有时不易断然截分。⑨

在希伯来早期的观念,个人与群体认同,以别人或团体的名义代表个人的身份,或以父母或家族,或以团体,都来表明自己的身份。有时以自己代表父母或家族,与家长与族长认同,有时以自身代表一个团体的首领。这种集体人格,就成为浮动无定的人格。先知为神发言,诗篇的作者常代表国内的众人,是个人也是群体,当看其特殊的处境。⑩

这种特殊的心态,也出现在族长的历史以及先知的信息中。⑪ 例如何西阿个人婚姻的经验,论及以色列与耶和华的关系,成为他重要的先知信息。在智慧文学中,也有这样的用意,约伯个人为苦难所发出的悲叹,成为人类苦难的呐喊,可见旧约不少哀歌,都有这样的内涵。

这首诗的哀歌形式,可分成五大段落,各有重点:

(一)悲叹个人苦难(1～20节),他个人似罹有疾病(1～4节),且受囚禁之苦(6～7节)。在无助中还受邻人的非难(13节)。他寻索一切苦难的由来,归根结底就想到神。诗人在此非常沮丧失望。此处的哀歌甚似约伯的悲叹,约伯记也在第三章。不过,此处诗人并非如约伯向神怨言,本段在十八节才提到神。

(二)信心重新振作(21～30节),当他在愁苦之中,想到神无尽的怜悯。人的苦难究竟是短暂的,尤其是在青年阶段,试探极大,苦难无非锻炼他的心灵(27～28节)。但神不会使受造的人们经长期的痛苦(29～31节)。

(三)苦难并非神旨(31～38节)。这世界一切苦难的来由是人自

⑨ H. W. Robinson, *The Cross of the servant—A Study in Deutero-Isaiah* (1926);"The Hebrew Concept of Corporate Personality," in *Werden und Wesen des Alt Testamentum*, ed. J. Hempel(1936),49ff; O. Eissfeldt, *Der Gottesknecht bei Deuterojesaia* 2(1983); H. H. Rowley, *The Servant of the Lord and other Essays*(1952),33-39.

⑩ Lévy-Brühl, *How Natives Think* (1926); E. Durkheim, *Elementary Forms of the Religious Life* (1915).

⑪ W. G. Dougherty, "The World of the Hebrew Prophets," in *Scriptures*, 3(1948),98.

己,决不是神。这个论点与约伯记中友人以利法十分相似,苦难实在由于人罪恶的行为(参伯五6、7),罪恶与苦难决不是宇宙的秩序,因这不是无可避免的,也不会是永久的,最后必会过去。

(四)悔改才有重生(39～47节)。人还得省察自己,切实悔改,归向神,才可逃避苦难。归向神,才是真实的悔改。苦难有时是离弃神的结果(41～42节)。人被逼迫苦害(43～44节),成为列国所讥刺的(45～46节)。

(五)祷告祈求复兴(48～66节),诗人似表露他忧国之情,恳切求神拯救。许多用词以指个人(51、53～54节),并非群体。但是个人与群体似乎不能划分,尤其在二十至廿一节,卅一至卅二节,卅九至四十节,以及四十八至四十九节。

这里哀歌的合一,与其说是在逻辑上,不如说是心理方面。诗人在哀叹之后,说出罪是苦难的原因,以致认罪悔改,祈求救恩,达信心的高峰。苦难、罪恶与救恩这些主题,是有关个人的情况,也关乎群体的,而他个人就是在群体之内。

这首诗不仅反映以赛亚书中受苦仆人的意象(四十二1～4,四十九1～6,五十4～11,五十二13～五十三12),也成为牧者之诗的写照(诗廿三篇),说明神保护,照顾与供应。

全诗最引人注意的,在廿二至廿六节。耶和华的慈爱与信实,使人们盼望主的救恩。

(I) 在孤寂中哀叹(三1～20)

本首诗完全是以哀歌的形式,叙述自己受苦的状况,但并不实际与耶路撒冷有关,每项苦难似并不相连;内容与诗篇中的哀歌,及约伯记的自白诉苦,都不相上下。

三1 我是因耶和华忿怒的杖遭遇困苦的人。

"我"是个人,这首诗的开端是个人的哀歌,他在经历着困苦。"遭遇"原来是"看见",在一章九节,诗人求神看他的苦难,希望神顾惜。但这"看见",在他本身来说,是一种体认与经历。若干英文新译本(Jerusalem Bible,New English Bible),都与中译本相似。

他从神所领受的,不是同情,而是管教。这是杖,好似奴仆从主人的手接受管教(出廿一20)。这当然是十分难受的事。此处正与诗篇廿三篇不同,在诗篇中,牧人的杖是安慰的。但此处的杖是忿怒的,为责打的,神毫不留情。神的杖指审判也在旧约中多次说明(撒下七14;伯九34;诗二9,八十九32;赛十5;弥五1)。

"困苦"一词在七十士译本作"贫穷"或"贫困",在涵义上更加明确,贫穷与困乏都有。

三2　他引导我,使我行在黑暗中,不行在光明里。

诗人哀叹他在黑暗中,好似是神存心使人陷在绝境里。"引导"原为牧人领羊群走山路。在以赛亚书六十三章十一至十四节,神的引导是给予他们安全与安息。但在此处不是这样引导,而是驱逐他们,或赶逐他们(同样的用词出现在撒上三十20;伯廿四3)。

神将他赶到黑暗(参伯十二25;诗八十二5;赛五十10;摩五18),黑暗与光明是相反的,黑暗是象征苦难与死亡,是死人的居所(三6,幽暗之处)。光明才是象征生命与福分,如果光明是指自由,黑暗就表征囚禁(赛四十二6~7、16,四十九9,五十八9~12;诗四十三3,一〇七10~16)。

三3　他真是终日再三反手攻击我!

在他的感受中,时常没有神的同在,神显然已经离弃了他。"终日"是经常的,"再三"是多次的,手原是祝福的,现在反手就成为攻击了。手不再是帮助与照顾,神完全转离了爱。"手"(yd)也可译作"爱",⑫神已将爱化为恨,不再眷爱,而只有攻击。神的手不再引导,只有赶逐。

神不再与他同在,他就没有安全,但凭敌人肆意地攻击欺压。这里没有说明受苦的实情,却将受苦的心情描述出来。

三4　他使我的皮肉枯干,他折断我的骨头。

神的手继续在他身上,使他身体大受损伤。神的手常是赐灾祸降

⑫ A. Fitzgerald, "Hebrew yd = 'Love' and 'Beloved'," *Catholic Biblical Quarterly* 29 (1967),368-369.

以疾病(参伯十九 21;撒上五 6 等)。⑬ 神的手触摸他的皮肤与肉,以及骨头,可参考诗篇卅八篇二、三节:"你的箭射入我身,你的手压住我……我的肉无一完全,……我的骨头也不安宁。"其他经文的参考在以赛亚书卅八章十三节及诗篇卅二篇三、四节。

这是指围城之后所发生饥荒的凄况,在第五节叙述被围困的城:"艰难围困我"。四章七至十节以及五章九至十节也描述饥荒的实情,在这两处都提到皮肉的枯干。诗人所说的,不只是个人的遭受,也关乎全民,因为饥馑是普遍的现象,是无法忍受的苦楚,饥饿使体力耗尽、完全失去健康,如患病一样。有的解释视这节经文为病患者的哀叹。

骨头被折断或压伤,也许不是指实际的损骨,而是作为诗意的描写,感到苦难实在太大,难以忍受,如在弥迦书三章一至三节,指暴政压迫人民,打折他们的骨头,剥皮吃肉。诗篇五十一篇八节,诗人叙述神的惩罚,压伤的骨头蒙神的医治,可以康复,重新得力,甚至可以踊跃,继续行动。

三 5　他筑垒攻击我,用苦楚和艰难围困我。

诗人以战事的隐喻来描绘,敌人攻击的方法是在城外筑垒有了据点,攻城的策略是四面围困起来,使城内完全瘫痪,动弹不得,然后就轻取,如取瓮中的鳖,而人们只有坐而待毙。神的惩罚,好似敌人那样的胁迫。

"苦楚"有译为"苦胆",也有译为"贫困",这是将原文稍作改动,可资参考的经文是在箴言中(六 11,十 15,十三 18,廿四 34,廿八 19,卅一 7 等)。⑭ 这字可译为"头",七十士译本的译词为英译本(Jerusalem Bible)采纳:"以艰难围住我的头"。"筑垒"改作"轭":"他要我负起轭来。"⑮

如果研究以上的译法,也不无理由,"苦胆"出现在本章十九节,苦胆茵陈之类,常描述为苦难。诗篇六十九篇廿一节:"他们拿苦胆给我

---

⑬ J. J. Roberts, "'Hand of God' in *Israelite and Other Ancient Literature*," *Vetus Testamentum* 21(1971),244 - 251.

⑭ Gordis, *op. cit.*, 176.

⑮ Provan, *op. cit.* 85.

当食物……"诗人哀叹他尝尽苦味,类似的描述也可在约伯记找到(二十14)。

围困使人有压迫感,是耶利米的经验(二十 1～3,卅七 21,卅八6～13,四十 1,又廿九 26)。在诗篇中也不少,如八十八篇八节:"我被拘困,不得出来。"(其他在诗一〇五 18,一〇七 10～16,一一六 16,一四二 7)约伯记十三章廿七节,他哀叹无自由的痛苦,脚上了木狗,神窥察他一切的道路,为他的脚掌划定界限,在卅三章十一节再重复。

三 6　他使我住在幽暗之处,像死了许久的人一样。

幽暗之处是在阴间,诗篇八十八篇十二节:"你的奇事岂能在幽暗里被知道吗?你的公义岂能在忘记之地被知道吗?"这是与神隔绝的地方,是神忘记之地。约伯记十章二十至廿二节:这是黑暗和死荫之地,那地甚是幽暗,是死荫混沌之地,那里的光好像幽暗。

"像死了许久的人",死了许久怎会生还呢?人在苦难中,失去一切的盼望,求生欲已经消失,好像行尸走肉一般,实际上是在阴间里。

住在幽暗之处,也可指因禁在狱中。诗篇一〇七篇十至十六节,他们被困苦和铁链捆锁,这就可连贯在哀歌的下文(三 7)。

以色列应为耶和华的仆人,有任务领被囚的出牢狱,领坐黑暗的出监牢。但现在监禁的是他们,他们被掳、被囚在外邦人之地。在他们看来,外邦是幽暗之处,他们需要神的拯救。

本节最好的答案是在以西结书卅七章,那些死了许久的人成为一堆枯骨,但神可使他们复活,并且完全恢复,甚至站起来,成为极大的军队。但在诗人的哀叹中,实在看不见这幅异象。

三 7　他用篱笆围住我,使我不能出去,他使我的铜链沉重。

在上节描述他像死了许久的人一样,他并没有死,只是他的行动受了限制,使他失去自由。但是这种描绘,是在苦难中的哀鸣,在诗篇卅一篇十二节说他被人忘记,如同死人。诗篇八篇四至六节:人虽微不足道,但并不失去神的眷顾。诗篇一四三篇三节用语完全相同,但诗人不以神为敌,他知道另有仇敌在逼迫他,使他住在幽暗之处,像死了许久的人一样。他像死人,但并没有真的死亡,以赛亚书五十九章十节可能为本节提供最好的解释:"我们摸索墙壁,好像瞎子",神用篱笆好像围墙一样,使他不能出去,他已经失去活动的机会,有锁链困住他,而且锁链十分沉重,他不能逃脱。

"锁链"原意为"铜",即铜链。在旧约中常为多数,但在此处为单数,可能没有什么特殊的用意。在列王纪下廿五章七节也有同一个字出现,是双数,表明这是脚铐,将两脚铐起来,行走十分困难,何况铜质的金属必很沉重,真是让人动弹不得。诗人是否描述他实际的情况呢?他未必真成囚犯,但他在苦难中的感受,好似重刑的囚犯一般,使他不堪苦楚。

三8　我哀号求救,他使我的祷告不得上达。

他在极端的痛苦中,他惟一的出路是在苦难中呼求耶和华,在哀号呼求拯救,神总会怜悯他吧! 但是这仍无济于事,因为他的祷告不通,不得上达。神把这惟一的出路也封住了。

这也是哀歌特有的感受,在四十四节再重复:祷告不得进入,因为神的黑云遮蔽起来。神不再与他同在,神已经隐秘了,所以遍寻不见。

先知哈巴谷曾发出这样的哀号:"耶和华啊,我呼求你,你不应允,要到几时呢?"(哈一2)听约伯的哀求:"我因委曲呼叫,却不蒙应允;我呼求,却不得公断。"(伯十九7)他又哀号:"主啊,我呼求你,你不应允我……"(三十20)先知以赛亚责备以色列的叛逆:"你们的罪孽使你们与神隔绝,你们的罪恶使他掩面不听你们。"神不听祷告,是掩面不看,就有这活泼的描绘。

生命中最黑暗的时刻,就是神不再同在,祷告不被神垂听。诗篇八十八篇十三、十四节:"耶和华啊,我呼求……耶和华啊,为何掩面不顾我?"这是最大的痛苦,苦难实在不只是身体的,甚至不在身体上,而是在心灵上。这是心灵深处最大的痛苦。

三9　他用凿过的石头挡住我的道,他使我的路弯曲。

神将他的路挡住,"挡住"与"围住"在第七节,是同一个字(gadar),都在节首第一个字,神完全阻挡了他个人的计划与目的。在约伯记三章廿三节:"人的道路既然遮隐,神又把他四面围困……"先知何西阿传神的话:"我必用荆棘堵塞她的道,筑墙挡住她,使她找不着路。"(何二6)可能这是叙利亚文译词的见解,将"石头"译作"荆棘",但是七十士译本并无例证,引起学者们的质询。⑯

神要挡住去路,为什么用凿过的石头呢? 这种石头特别坚硬,原为建筑华夏之用。神用来挡路,就成为牢不可破的障碍,无法挪开。有人解释,人在路的尽头,看看无法转弯的余地,没有出路。⑰

神甚且使他的道变曲,因为耶和华使恶人的道路弯曲(诗一四六9),可见神对待他如同恶者。在本章十一节:他使我转离正路。这样神不容他走在正路上。

神这样对待以色列人,因为"他们走弯曲之道,忘记耶和华他们的神"(耶三 21)。现在哀歌者需要觉悟,及时回来,重新归向神,神要医治他们背道的病,这是以色列人在历史的苦难中应该醒悟的。

三 10　他向我如熊埋伏,如狮子在隐密处。

上节以道路为隐喻,本节可连续这种说法,因为在道上有狮子与熊蹲伏,随时可害过路的人。

熊与狮子常被提说,它们不但是凶猛的野兽,而且常用来比喻仇敌。诗篇廿二篇十三节描写敌人好似抓撕吼叫的狮子,十篇九节敌人埋伏在暗地,如狮子蹲在洞中,把困苦人掳去,更接近本节的描写。

在先知书中,这样的描绘也甚多,例如以赛亚书卅八章十三节:"他像狮子折断我一切的骨头。"耶利米书四十九章十九节:"仇敌必像狮子从约旦河边的丛林上来攻击。"何西阿书十三章七节:"我向他们如狮子,又如豹伏在道旁。"阿摩司书五章十九节:"景况好像人躲避狮子又遇见熊。"此处狮子与熊一并提及,表明人无法逃脱,表面上看不见危险,其实危险四伏,随时遭攻击,而且会被全然灭尽。

这是神的忿怒,人不能避免,何不面对呢? 先知阿摩司呼叫以色列人预备迎见他们的神。神是公义忿怒的审判者,无人可以幸免,人又怎能面对呢? 诗人曾说:"主耶和华啊,你若究察罪孽,谁能站得住呢? 但在你有赦免之恩,要叫人敬畏你。"(诗一三〇 3～4)但在此处神的作为不是赦免,而是降罚。

⑯ Albrektson, *op. cit.*, 132-133.
⑰ Artur Weiser, *Klagelieder*, *Das Alte Testament Deutsch*, 16(1962),297-370.

三 11　他使我转离正路,将我撕碎,使我凄凉。

神好像熊与猛狮,不住在追赶,迫得他离开正路,在岔路上更加难行,逼得走投无路,终于将他撕破。或者是说在正路上已经被猛兽追到捉住,将他从大路上拖到窄小的路径,再将他撕碎,当作可吞吃的掠物,使他完全在无助之中,完全失望凄凉。

"转离"与"撕碎"两个动词,有若干不同的解释。中译词循一般的译词"转离"(sorer 字源为 sur),但是中世纪的经学家作"荆棘"(字源为 sîr),译出这一短句:他在正路上铺满荆棘,使我被刺伤撕碎,看来似为合理。⑱ 七十士译本作"叛逆",以叛逆偏离正路,申命记廿一章十八节,同一个字,译为"顽梗悖逆"。

"撕碎"一词(wayᵉpaššᵉ ḥēnî 来自 piššah),在旧约中只有此处一次,在翻译上也有商榷之处。希腊文另一译词(Aquila 版本)作"瘸行",表明在偏离正路之后,就瘸腿难行。⑲ 七十士译本作:"他使我走到尽头,寸步不移。"⑳

"凄凉"是无助,落到极悲惨的地步,完全失望,无可救药,别人看见,都感到十分可怕。这是近年的英文译本作各样的意译,要将苦难的实情发挥出来,使人认为这是很震惊的事,不堪设想。

三 12～13　他张弓将我当作箭靶子。他把箭袋中的箭射入我的肺腑。

这里再用另一个隐喻,神是一个精巧的弓箭手,他认定了目标,百发百中,人在无助中,就成为他的箭靶子,不但射中,而且射得很深,深入人的内脏肺腑,受了这样的致命伤,就没有活命的希望。约伯记六章四节:"因全能者的箭射入我身,其毒,我的灵喝尽了。"十六章十三、十四节仍是约伯的悲叹:"他的弓箭手四面围绕我,他破裂我的肺腑,并不留情,把我的胆倾倒在地上。将我破裂又破裂,如同勇士向我直闯。"诗篇卅八篇二节:"因为你的箭射入我身⋯⋯"本书第二首诗四节也有这样的论述。

---

⑱ W. Rudolph, *Die Klagelieder*(1962),230; *Jerusalem Bible* 作此译词。

⑲ Provan, *op. cit.*, 87. *New English Bible* 采取这译词。

⑳ Albrektson, *op. cit.*, 135 – 136.

箭有时也可作"疾病"解，参考的经文在诗篇九十一篇五节："白日飞的箭"，可能指疾病的侵袭，因为下节就提瘟疫毒病。约伯记卅四章六节"受的伤还不能医治"，在用字上，伤是指类似箭射的伤。

箭袋中的箭，原意为箭袋之子，是指箭袋中有许多箭。诗篇一二七篇描写儿女是箭："少年时所生的儿女，好像勇士手中的箭。箭袋充满的人便为有福……"（4～5 节）。此处箭袋的箭不仅象征着力量，而且说明残忍的力量，使人致命死亡。

箭射入肺腑，已经深入人的内脏，尤其指肝脏，是性命攸关所在，射中要害，人就无法存活。肝脏也指情绪的所在，可参考的经文在约伯记十九章廿七节（"我的心肠在我里面消灭了"）和箴言廿三章十六节（"我的心肠也必快乐"）。此处形容内心的痛苦已到极处。

在上下文，一直描绘灾害痛苦的实况，以不同表象来说明：神几乎成为仇敌，使他处处遇难，他无法摆脱，在极端的无奈之中。

三 14　我成了众民的笑话，他们终日以我为歌曲。

"众民"若指外族的人，"我"很可能是代表耶路撒冷，这圣城的陷落，是被众民引为笑谈的。本书一章廿一节，仇敌因耶路撒冷遭难而喜乐。二章十五节，仇敌嗤笑摇头。这样的译词十分恰当。[21] 有的译为"我民"，单数只指本国的同胞，那么"我"指个人，个人的苦难引起恶者任意的攻击。以"我民"不作"众民"，原为原文所提示的，七十士译本也是一样，若干英译本都这样翻译。[22] 但是这也可能成为耶路撒冷城的人格化"我民"，单数，其实是集体的。[23]

当耶利米描述自己因传讲神的话，而成为别人的笑话，那完全是他个人的经历，并不代表圣城或犹大。他说"我终日成为笑话……耶和华的话终日成了我的凌辱、讥刺"（耶二十 7、8），此处是否也成为个人遭受的讥笑，更加增他的痛苦。约伯就有这经验，他的损伤无以复加："我就是喘一口气，他都不容。"（伯九 18）因为以前尊敬约伯的，"现在这些

㉑ *New American Bible*，*New Revised Standard Version*，*New English Bible*.

㉒ *King James Version*，*New International Version*，*New American Standard Bible*，*New Jerusalem Bible*.

㉓ W. F. Lanahan，"The Speaking Voice in the Book of Lamentations," *Journal of Biblical Literature* 93(1974)，41－49.

人以我为歌曲,以我为笑谈"(三十 9)。

论耶路撒冷城成为敌人嗤笑的对象,在第一首诗(一 7)已有描述。以他为歌曲,在本首诗的末端(63 节),也再重复提及。此处个人与集体似都综合在一起。从整体说,这是圣城沦陷,犹大遭难。但个人也在群体之内,从民族在苦难中,任何个人都无法逃脱,也都在苦难之中,可见个人的哀叹,必包括在民族的哀歌中。

三 15　他用苦楚充满我,使我饱用茵陈。

苦楚的茵陈来描写,这种植物表征着苦涩、痛楚及灾祸。先知阿摩司屡次提说:"公平变为茵陈。"公平的道德变为恶毒的仇恨是不当的,除在五章七节之外,尚有六章十二节再行重复,将茵陈与苦胆列为同义字。箴言五章三至四节,将茵陈与蜂蜜对比,至终由甜变苦,受罪恶苦害。

"饱用"(rwh)是指饮足茵陈,茵陈成为流质的饮料,饮得太多而呈饱和的现象。以赛亚书五十五章十节,雨雪降在地上,饱和了必使地上滋润,水分充足,发芽结实。俗语有瑞雪兆丰年,甚为至理,此处却为相反的涵义。

三 16　他又用沙石碜断我的牙,用灰尘将我蒙蔽。

从上下文来研究,这节的经义似为综合苦难的极点,神的惩罚竟然这样残忍,叫他咬沙石,为咬破他的牙齿,又将他推倒在灰尘中来践踏。"碜断"与"蒙蔽"两个动词涵义并不十分清楚,是在旧约中甚少使用的词,无法引用其他经文佐证。上半节是否指他须舔沙土,如诗篇七十二篇九节:仇敌舔土,是极大的羞辱。一〇二篇九节:吃炉灰如同吃饭。又弥迦书七章十七节:舔土如蛇。至于在灰尘中,可参考诗篇七篇五节:将性命踏在地下,使荣耀归于羞辱(灰尘)。

上节"饱用茵陈",此节以灰尘喂食,都是使他受苦,这是七十士译本的译词。有的经学家认为,在灰尘中是没有安睡的地方。[24] 下半节的涵义应为"他将他践踏在尘土之中"(New International Version)。

此处作者究竟指他个人受苦,还是指失国后一般人的苦难? 或许

---

[24] H.J. Kraus, *Klagelieder* (1968), 61.

他在指某些个人？此处没有清楚的交代。但自从圣城陷落之后，人们都在这样黑暗的日子，一切都在悲惨的状况之中，神好似仇敌一般，对他们有无限的胁迫；或者作者并非在怨天，只是在多样的患难中，无法明白苦难的由来，唯一可以归纳的，只有神，神在怒中的惩治。

三 17　你使我远离平安，我忘记好处。

这里有两种可能的解译，照着叙利亚译本与拉丁文译本，神离弃我，所以得不着平安，这也是七十士译本的涵义。㉕ 照着希伯来文，神将平安否认了，或以平安为主词：平安被否认了，因为我被摒弃在平安之外。㉖ 后者的译法较为普遍。

"我忘记好处"。"好处"原为兴盛，"我"已忘记兴盛为何物，因为经久在苦难之中，人在苦难可能常会留恋过去，但这似乎太不实际，因为昔日的荣耀早已如烟云一般消散了。"好处"或"兴盛"，在以赛亚书廿六章三节，神曾保守倚靠他的人十分平安。难道受苦的人不倚靠神吗？为什么平安与兴盛都被否定呢？

三 18　我就说：我的力量衰败，我在耶和华那里毫无指望！

"我就说……"他心中在深思，似乎可以总括起来，什么是他的遭遇，有时这种口吻也用在哀叹之中。例如约拿书二章四节："我说，我从你眼前虽被驱逐，我仍要仰望你的圣殿。"可资参考的经文甚多(诗卅一23，九十四18，一三九11，又赛六5，卅八11，四十九4)。

其实这里逐渐趋向转捩点，从毫无指望，将转向指望，"我想起这事，心里就有指望。"(21节)

"我的力量衰败。"力量有译为"荣耀"或"荣华"，是七十士译本与叙利亚译本的解释。那是指以前的兴盛(17节"好处")。"力量"如作"荣耀"，会否指神给他的荣耀，就是与他同在。神的荣耀是他的同在。有神与他同在，他就得着力量。现在神不再与他同在，他的力量必衰败。"力量"也可指恒忍的力量。㉗

㉕ O. Kaiser, *Klagelieder*(1981), 343.

㉖ Kraus, *op. cit.*, 61.

㉗ M. Dahood, "New Readings in Lamentations," *Biblica* 50(1978), 174 - 197, especially 184 - 185.

　　"衰败"是消失或灭绝。这力量原是使他保持盼望，无论在什么境况之中，总不失望。现在没有力量，在耶和华面前的盼望也不复存在了，他陷在深切的失望中。

　　三 19　耶和华啊，求你记念我如茵陈和苦胆的困苦窘迫。

　　这是一项吁求，求神记念他的苦楚。七十士译本作："我想念我的困苦……"他为受苦始终念念不忘，他无法忘怀。他的苦楚一定是身心二者，内心的痛楚可能更加尖锐，"窘迫"一词涵义不甚明晰，大多译为飘泊流浪，可能也指心神不宁，始终不能释然。"困苦窘迫"也出现在第一首诗（一 7），此处再重复。

　　"茵陈和苦胆"曾在本章五节与十五节出现，此处也再加以重复。

　　三 20　我心想念这些，就在里面忧闷。

　　这节实际的意思是他在不住思想，反复省思，都答不出所以然。"我心"应为主词，照着叙利亚译本，动词"想念"不再是第三人称，而是第二人称，应为"你"。这样的语句，仍成为吁求的口吻，求神记念。也许向人吁求，求别人能看重他的苦楚。但是上节既以"我"为中心，此处"我心"似乎更为自然。

　　在里面忧闷，是诗篇的描述（诗四十二 5、6、11，四十三 5，四十四 25）。这是被苦难所重压，以致十分低沉。[28]　人在这种情形之下必深切省思，又想表达，或发怨言。也就在这样的过程中，逐渐找出一条出路，重新坚持他的信心。

　　"我心"在经文评鉴中研究，如果照文士的纠正（tiqqune sopherim）作"你心"，那就成为神的心为此不安，似乎神在受苦。以赛亚书六十三章九节："他们在一切苦难中，他也同受苦难。"[29]这样的解释确极有意义。

　　作者在孤寂中受苦，极需神的同在，神却远离他，要不然就无情地惩罚他。本段（三 1～20）可比较诗篇廿三篇，虽然是在相反的情况中，本章一至二节参考诗篇廿三篇四节；六节参考诗篇廿三篇六节；九节参

---

[28]　Albrektson, *op. cit.*, 142. n.4.

[29]　D. R. Hillers, "History and Poetry in Lamentations," *Currents in Theology and Mission*, 10(1983), 155 – 161.

考诗篇廿三篇三节、十五节(诗廿三 5)及十七节(诗廿三 6)也都可作比较。㉚

(II) 在追念中省思(三 21～39)

三 21～22　*我想起这事，心里就有指望。我们不至消灭，是出于耶和华诸般的慈爱，是因他的怜悯不至断绝。*

自一至十八节，作者是在苦难中极度的失望，在十八节断言："我在耶和华那里毫无指望！"但在他省思之中，他的信心又滋生了，他想起"这事"，指望油然而生。这无疑是与二十节相连的，如果"我心"作"你心"，是求神记念，神不会放弃他的。这样一想，希望又来了。现在一切的怨言已经中止，"这事"是在正面来看神的恩慈，他一想这事，就不再消沉，又能积极起来。廿二节就有清楚的说明。

"我们不至消灭"是意译。消灭与断绝是不会有的，此处有很明确的对比，而且是同义的：慈爱不至消灭，怜悯不至断绝，受苦不会使人走到尽头。

在苦难中有信心坚强的肯定，在圣经中可找到有力的话。约伯记一章廿一节："我赤身出于母胎，也必赤身归回。赏赐的是耶和华，收取的也是耶和华；耶和华的名是应当称颂的。"哈巴谷书三章十七、十八节："虽然无花果树不发旺，葡萄树不结果，橄榄树也不效力，田地不出粮食，圈中绝了羊，棚内也没有牛；然而，我要因耶和华欢欣，因救我的神喜乐。"罗马书五章三节："不但如此，就是在患难中也是欢欢喜喜的，因为知道患难生忍耐。"彼得前书四章十二、十三节："亲爱的弟兄啊，有火炼的试验临到你们，不要以为奇怪(似乎是遭遇非常的事)，倒要欢喜，因为你们是与基督一同受苦，使你们在他荣耀显现的时候，也可以欢喜快乐。"

"诸般的慈爱"的中译词"诸般"，可能因"慈爱"一词为多数，可指其质而非指量。"慈爱"是有关圣约的用词，是指信实、恩慈及热爱

(devotion)。"怜悯"也是多数字,也必指其质。"怜悯"原意为"母腹",子由母腹而出,必蒙母爱。[31] 以母爱喻父神的爱,也在以赛亚书六十六章十二、十三节。

慈爱与怜悯二者常连在一起,在出埃及记卅四章六节:耶和华是有怜悯、有恩典的神,不轻易发怒,并有丰盛的慈爱和诚实。"慈爱"一词即为"信实"(ḥesed)。神的信实带来希望,这是作者所想起的。[32]

神的信实使他的怜悯恒久地表现出来,不仅恒久,而且一致,神始终没有放弃,他是守约的,圣约既是他所发动的,他必坚持与牢守,人纵然失信,神却是信实的。在以色列的历史经验是如此,在个人的经验也是这样,这就成为圣经中历史性的信仰,也是本书(耶利米哀歌)明显的主题。

三 23　每早晨这都是新的,你的诚实极其广大!

每一个新的日子,都有更新的经历,因为有新的希望,在信心的体验中,常有新的感受。

"诚实"一词与信实(ḥesed)涵义相近,有时诚实即译为信实,而原意"信实"译为"慈爱"或"恩慈"。"诚实"原为"阿门"的字源,表明真实、可靠、足可信任或信赖。这个用词是在被掳之后才成为普遍,可参考耶利米书五十二章。

这节经文几乎成为信徒们对耶利米哀歌一书最熟悉的,是由于一首常唱的诗歌:"你信实何广大!"

三 24　我心里说:耶和华是我的份,因此,我要仰望他。

"耶和华是我的份。"这是信神的人们应有的归属感。民数记十八章二十节,耶和华说:"我就是你的份,是你的产业。"申命记卅二章九节:"耶和华的份,本是他的百姓;他的产业,本是雅各。"可见耶和华与以色列互为关系,成为特有的份。

"份"原为一块地土(书十九 9),是居住之处,是神的居所(耶十 16,

---

[31] F. B. Huey, *Lamentation*, *The New American Commentary*, 473.

[32] J. Krašovec, "The Source of Hope in the Book of Lamentations," *Vetus Testamentum* 42,2(1992),223 – 233; K. D. Sakenfeld, *The Meaning of ḥesed in the Hebrew Bible: A New Inquiry* (1978).

五十一 19,以及诗十六 5,一四二 5)。当人认定耶和华为他的份、产业,内心就有保障。他就可存着盼望,专心等候耶和华。

三 25　凡等候耶和华、心里寻求他的,耶和华必施恩给他。

自廿五节至廿七节,每节起首的字都为"好",第一"好"是施恩的意思,对等候耶和华"心里寻求他的"。"等候"一词原意为紧紧抓住粗绳,绳子不仅一股,而有数股绞合起来,十分结实牢靠,向神的信心也应如此,紧紧抓住神。这是信心的依靠,因信神的恩慈而切实地依靠。

心里寻求神,是真实的祷告,以安静的心态,忍耐的心情,追寻神的同在,追求神的心意。这在下一节再加以补充这样的用意。

"等候"有时译为盼望,更可明白等候不是苟且疏懒,好似听天由命。真正的等候是有活泼的盼望,是很积极的态度。

三 26　人仰望耶和华,静默等候他的救恩,这原是好的。

真的心里寻求神,必真正仰望,而且表明真实的信心。信心中没有焦虑与烦躁,而有安静与静默。这是以赛亚所解释的信心:"你们得救在乎归回安息,你们得力在乎平静安稳。"(赛三十 15)

此处"等候"与上节不同,虽然涵义有些相同:坚固、强力。诗篇十篇五节:稳固表明可靠。

"静默"一词同样出现在以赛亚书四十七章五节:默然静坐,似乎在无奈之中,不是本处的用意。哈巴谷书二章三十节:敬拜者在神面前肃敬静默。这可解释本节的内容。

这是第二"好",耐心等候神的救助,没有怨言,不可向神发埋怨的话,却以信心培养自己的耐心,凡忍耐到底的必然得救。

三 27　人在幼年负轭,这原是好的。

这是第三"好",愿意接受艰难与困苦,人不仅"在"幼年时负轭,而且"从"幼年起逐渐进步,英译本不同的译法。"在幼年"是希伯来文的原意(为 King James Version, Revised Standard Version, New English Bible, New American Standard Bible 采纳)。"从幼年"是七十士译本及拉丁文译词,采纳者为 Jerusalem Bible, New American Bible。轭不仅表明艰难沉重,也象征苦难。苦难来到的时候,有无受屈的感觉,以致容易怨天尤人;敬虔者不可这样。

亚兰文译本将这轭解读为诫命,但看来苦难的轭似更为上下文所着重的,苦难如有教育的价值,就有救恩的内涵。如果家畜负轭,为循正确的路。我们从幼年起受苦难的操练,确为有益,负轭使我们走得正,行得合适。生命的道路必须正直。

三 28 他当独坐无言,因为这是耶和华加在他身上的。

人在受苦时应如何忍受? 应有怎样的态度? 是本节至三十节的要旨。当苦难的轭在他身上重压着,他有什么反应? 他当独坐无言。"无言"又可译为哀吟,理由不但有这字义,也在一章一节"独坐",接着有痛哭。㉝

"独坐"仍是较为正确的涵义。负轭究竟是个人的事。先知耶利米在神面前悲叹:"我没有坐在宴乐人的会中,也没有欢乐,我因你的感动独自静坐……"(耶十五 17)

这轭是耶和华加在他身上。"加"字(natal)在旧约中甚少出现,常译为"负起"或"担当"。在箴言廿七章三节译为"重"。这字与叙利亚文用字(ntal)甚为相近,也作"重"。这是重负,是神加在他身上,他必须承担,不能卸脱。当他单独来承当,不可发怨言,既知道是神的意思,神所许可的,就必须顺服,且是忍耐地来承受。

三 29 他当口贴尘埃,或者有指望。

他表示绝对的顺服,必将脸埋在尘埃,以口贴土,不可有任何声张。这种叙述,除此处以外,在旧约并无其他例证。俯伏在地,是古时人顺服的表态,诗篇七十二篇九节:"他的仇敌必要舔土。"弥迦书七章十七节也有类似的描述。

口贴尘埃,不仅面伏于地表示顺服,也是将口紧闭,不敢说话,自卑的感受与态度,为求神的怜悯,或者这样使神收回怒气,不再惩罚,并愿救拔,他就重新有了盼望。出埃及记卅二章三十节:"或者可以为你们赎罪。"这是摩西带给百姓希望。民数记廿三章三节,巴兰带着希望:"或者耶和华来迎见我。"巴勒对巴兰说:"或者神喜欢你在那里为我咒诅他们。"(27 节)约书亚记十四章十二节,迦勒对约书亚表达他信心的希望:"或者耶和华照他所应许的与我同在。"

㉝ J. F. McDaniel, "Philological Studies in Lamentations," Biblica 49(1968),27 – 53,199 – 220; H. Gottlieb, *A Study on the Text of Lamentations*(1978),48 – 49.

"或者"说明希望,在希伯来原文作:"谁知道……"、"或者他转意后悔……"(珥二 14、拿三 9)。

三 30　他当由人打他的腮颊,要满受凌辱。

若有人愿将脸转过来任别人打,是表明完全的降服。约伯记十六章十节:约伯的痛苦,是无奈地忍受人们打他的脸受羞辱。以赛亚书五十章六节,受苦的仆人受辱时,"人打我的背,我任他打;人拔我腮颊的胡须,我由他拔。"他没有反抗,只忍耐地承受。弥迦书五章一节,叙述仇敌用杖击打以色列审判者的脸。马太福音五章卅九节耶稣的教训:"不要与恶人作对。有人打你的右脸,连左脸也转过来由他打。"廿六章六十七节叙述耶稣受辱的情形:"他们就吐唾沫在他脸上,用拳头打他;也有用手掌打他的。"彼得前书二章二十至廿三节,描述主受苦蒙羞:"他被骂不还口,受害不说威吓的话。"

自廿八节至三十节,叙述受苦的经历,似乎变本加厉。起初在重负压迫之下,单独地忍受,独坐无言。然后口贴尘埃,仍怀希望,情形不易。最后为了信心,必须接受身体的痛苦以及精神的虐待,这是最大的困难了。

"人打他",人是谁? 是仇敌吗? 还是暗示神藉人责打? 在本章六十一节,似指敌人的攻击,但看来神一定许可,使他必须以信心来忍受。有了信心,最艰难的事都可以接受,因为深信神有恩典,他必不忽略他的子民,让其常受苦难。

三 31　因为主必不永远丢弃人。

为什么人可以安静地接受生活的试炼呢? 因为信心使他认清神的恩慈。人被神拒绝,不再有神的同在,不会无止息地继续下去,因为这决不是神最后的目的。约伯的朋友以利法说:"因为他打破,又缠裹;他击伤,用手医治。"(伯五 18)诗篇三十篇五节说:"他的怒气不过是转眼之间,他的恩典乃是一生之久。"诗篇七十七篇七节:"难道主要永远丢弃我,不再施恩吗?"以赛亚书五十四章八节,神说:"我的怒气涨溢,顷刻之间向你掩面,却要以永远的慈爱怜恤你。"耶利米书三章五节上:"耶和华岂永远怀怒,存留到底吗?"十二节:耶和华说:"背道的以色列啊,回来吧! 我必不怒目看你们,因为我是慈爱的,我必不永远存怒。"

三 32　主虽使人忧愁，还要照他诸般的慈爱发怜悯。

"忧愁"似乎译得不够达意，因为这原意是"悲哀"或"苦楚"，一章四节"艰难"是同一个字，在以赛亚书五十一章廿三节为"苦待"。这个字实在的涵义应为"苦难"。主什么时候使人受苦，也必在同时发怜悯，如母爱那么关怀与爱护，因为神有慈爱。这里的"慈爱"不是多数字，却在形容方面的涵义是"伟大无比"，并有丰富广大的性质。可见"诸般的慈爱"（三 22），应译作"伟大的慈爱"，而这慈爱是指圣约关系下的信实，神不能改变，他是恒久信实的。

信心的观点来看苦难，答案就完全不同了。苦难的同时有怜悯，况且苦难不能叫人失落或损失，而是等量地获得与得益。人的苦难与神的怜悯是平衡的，受苦多少，怜悯也有多少，可见没有损失，反而更加多得，于是信心使人除去患得患失的忧心，而且信心大增，希望不会灭绝，可以坚持下去，不必作立即的结论。并且以此作见证，并且与同道互勉，决不放弃。

三 33　因他并不甘心使人受苦，使人忧愁。

神是不愿人受苦的，"甘心"原意为"从他的心"，他决不存心叫人受苦。如果他允许受苦的事，无非为促进人属灵的好处，诗篇一一九篇七十五节："你使我受苦是以诚实待我。"使徒行传十四章廿二节："我们进入神的国，必须经历许多艰难。"罗马书八章十八节："我想，现在的苦楚若比起将来要显于我们的荣耀，就不足介意了。"哥林多后书四章十七节："我们这至暂至轻的苦楚，要为我们成就极重无比永远的荣耀。"希伯来书十二章六节："因为主所爱的，他必管教，又鞭打凡所收纳的儿子。"

"忧愁"正如卅二节一样的用词，原意为受苦，而此处"受苦"是降卑，使人受苦楚（诗一〇七 17）。

神使人受苦，实在是不得已的，或因我们犯罪，他必须惩罚，或者他有其他的恩慈的目的。[34] 人受苦，神更加痛苦，人使别人受苦，也是神极为不满的，以下的经文再有说明。

---

[34] T.E. Fretheim, *The Suffering of God：An Old Testament Perspective*.

三 34　人将世上被囚的踹在脚下,

自卅四节至卅六节又是另一组,每节以无定词(Infinitive 的前置词)开始。无定词虽可作为动词,但常不能构成完整的句子,所以这三节读起来,必须一气呵成,意义必须连贯,不能中断。三节都各有叙述,但都是主所看不上的行为。

第一项行动,是欺压被囚者。被囚者是因犯罪而被判刑,受囚禁之惩罚。有时也许是受屈枉,应受法律公正的裁判。但如果妄顾法律,又对不幸者苛待,当然是极不公平的。惟有神是审判者,人怎可取代神呢? 神虽罚恶,他决不欺压,不会将被囚的踹在脚下。人不可那样做。

人无论善恶,都逃不过神的鉴察,诗篇九十四篇五至七节:"他们商量暗设网罗说,谁能看见? ……但神要射他们。"诗篇九十四篇二至十一节:"审判世界的主啊,求你挺身而立,使骄傲人受应得的报应……他们说:耶和华必不看见……耶和华知道人的意念是虚妄的。"耶利米书十二章三、四节:"耶和华啊,你晓得我,看见我……他们曾说:他看不见我们的结局。"以西结书九章九、十节:"他们说:耶和华已经离弃这地,他看不见我们。故此,我眼必不顾惜,也不可怜他们……"阿摩司书五章十二节:"我知道你们的罪过何等多,你们的罪恶何等大。你们苦待义人……"马太福音十章廿九至卅一节:"两个麻雀不是卖一分银子吗?若是你们的父不许,一个也不能掉在地上。"神看见一切,他决不容不法与不公平的事存在,他都必干预除去。

三 35～36　或在至高者面前屈枉人,或在人的讼事上颠倒是非,这都是主看不上的。

神是至高者,他有绝对的权能。至高者(Elyon)在本书只出现在本首诗内两次(35、38 节)。惟有神才是至高的审判主,任何人必须尊重神的权威,才不致屈枉。人权是个人有公正的权益,法律有规定与保障:"不可在穷人争讼的事上屈枉正直。"(出廿三 6)"耶和华听了穷乏人,不藐视被囚的人。"(诗六十九 33)"祸哉! 那些设立不义之律例的和记录奸诈之判语的,为要屈枉穷乏人、夺去我民中困苦人的理……"(赛十 1～2)"你们这些要吞吃穷乏人、使困苦人衰败的……他们的一切行为,我必永远不忘……"(摩八 4～7)

主看不上,表明主一定很不同意,他的公义决不以有罪为无罪,神实在看重。有经学家认为这段话是诗人的叹息，恶人兴盛，神毫不在意，使他更加痛苦。[35] 但看上下文，这样的解释似不合理。七十士译本以问话的口吻，确托出作者的困惑："主难道不在意吗？"或译为："主难道不关心吗？"（Jerusalem Bible，New International Version）可见这里的意义还是正面的，神是施恩的主，也是公义的主，他有道德的权能，一切不义的事，不公正与屈枉的，必不容逍遥法外，神必审问。

三 37　除非主命定，谁能说成就成呢？

神的性格在卅三节已经说明了，神决不存心使人受苦，受苦不会是神的旨意，而是人的错误导致的。在卅五节，"在至高者面前"，更说明神不会愿意与赞同。在他面前就是有主的意愿，人不可违背，也不能当面弃掉。一切不公不义的事，都有违于神的面——神的旨意。神的面就是他的性格。主的性格是我们部分了解的，但这了解不可能是完全的，所以神对摩西说："你不能看见我的面，因为人见我的面不能存活……你就得见我的背，却不得见我的面。"（出卅三 20～23）因此，主若不命定，人不能成就，主若不启示，人也很难明白。

主必命定，命定就是命令，一切都在神的权能之下。"除非主命定……"这是一项说明，还是一个修辞的问题（rhetorical question）？如果是问题，在下节才答复。但本节全部是一个问语。在本节的文法结构中，似有加重语气的用意：主的命定是重大的事（emphatic lamed）。人是拗不过神的旨意的。[36]

三 38　祸福不都出于至高者的口吗？

这是一句问语吗？但原文似非问题，引起经学家的疑惑。但是如果这并非问语，而是一项叙述，说明神是祸福的根源，就与卅六节不甚符合，因为在那节神不同意祸患与罪恶。在上下文研究，神是施恩的主（22～25），决不成为世界一切恶与苦的根源。但在以赛亚书四十五章七节，神自承他是造光，又造暗，施平安，又降灾祸："造作这一切的是我耶和华。"另还有一点可以质疑的，"福"是阳性单数，"祸"却是阴性多数，为什么不将二者统一呢？经学家将祸患与"福"分开，"福"原可译为

㉟ Rudolph，*op. cit.*，240 – 241.

㊱ McDonald，*op. cit.*，206 – 208.

良善或义人,"祸患在义者的身上,岂不出于至高者?"[37]在作者看来,神不甘心使人受苦(33 节)。他甚至不能容让人屈枉正直,可见祸必不出于神,约伯的朋友以利法就有这样的论调:"祸患,原不是从土中出来;患难,也不是从地里发生。人生在世必遇患难,如同火星飞腾。"祸患是人生必有的经验,因为人有罪,自作自受,却不可推诿在神身上。

但是神确许可祸患,"灾祸若临到一城,岂非耶和华所降的吗?"(摩三 6)但新约的雅各书解释:"人被试探,不可说:我是被神试探;因为神不能被恶试探,他也不试探人。但各人被试探,乃是被自己的私欲牵引、诱惑的。"可见一切的恶与苦不是出于神,而是出于人。在本书二章十七节,说明神的权威与人的自由,神给人有道德的自由作抉择,但是有违神的道德律,神必降灾施罚,他必成就所定的,不可更改。

三 39 活人因自己的罪受罚,为何发怨言呢?

为自己的罪受罚,是神报应罚恶的公义,是没有可怨尤的。诗篇卅八篇三节:"因我的罪过,我的骨头也不安宁。"因罪受罚是必然的。诗篇五十一篇三、四节:"因为我知道我的过犯,我的罪常在我面前。我向你犯罪,惟独得罪了你,在你眼前行了这恶,以致你责备我的时候显为公义;判断我的时候显为清正。"使徒保罗也明说:"罪的工价乃是死。"(罗六 23)

但神是不轻易发怒、满有怜悯的主,他一直忍耐,而且提出警告:万不以有罪的为无罪,必追讨他的罪(出卅四 7)。先知阿摩司一直警戒以色列人,敦促他们悔改(摩四 6～11)。新约中彼得后书也下了警语,审判的日子没有来到,"不是耽延,乃是宽容你们,不愿有一人沉沦,乃愿人人都悔改。"(彼后三 9)

为什么是"活人"呢? 活着的人应有希望,必受警戒,及早悔改。即使遭遇苦难,也应忍耐,不可发怨言。"发怨言"('nn)这一动词不常在圣经中出现,在民数记十一章一节有一次,此处以外,没有再提,值得注意。"人",特别是"活人",参考传道书九章四节。"人"指常人(adam),在上半节;再提另一个常人(geber),在下半节。中译词没有将第二个

[37] Gordis, op. cit., 183,引述 Ehrlich.

常人译出。"常人因罪受罚,活人又怎可发怨言呢?"照原文的字句排列,似乎是说,常人易于干罪,也必受罚。活人呢? 应有希望,不可为短暂的苦难而发怨言。

(III) 在默想中盼待(三 40～66)

在诗人默想中,似乎转向自我的省察,在受苦的情况里反省,就深感需要切实悔改,而且认清在神面前必须真诚;在敌人的胁迫之下,应该转向神,神必垂顾,从天观看。这是四十至五十一节的内容。自五十二节至六十六节,可以联想先知耶利米的个人经验,不住地求神向敌人施报。这也可能将国家的苦难个人化,或从个人看群体,切望民族的中兴。

(i) 再求神施怜悯(三 40～51)

三 40   我们当深深考察自己的行为,再归向耶和华。

看上文,归纳一切的想法,在他寻索受苦的意义,惊觉疑惑的危险,勉力回到信心与盼望的地步,他必须自勉与勉人,自省与悔改,再进一步祷告。

"我们"不只是个人,而是群体,在语气方面也是劝勉式:让我们……我们当。在本节与下节(41 节),都是相同的口吻。

"考察"在涵义上是一种寻索的行为,发现深藏在里面的心思意念。在希伯来原文,本节有两个用字,都指"考察""寻索"并"察觉",后者在士师记十八章二节"窥探",可能因两个同义字,中译词加上"深深",为加重语气。

"行为"原意为"道路",所行的道就是指行动或行为,是所作为的,必须省察,看有无错谬、偏差。省察自己的行为,在先知哈该的信息中也屡次提及(该一 5、7)。"行为"是所行的道,但"省察"是"在意",心中认真地思考,用字与此处不同,但涵义却甚相近,必须慎思。

"归向"就是悔改,悔改是正确的方向转向耶和华。原来的字是"转",转离神,离道背教,冷淡堕落。归向神,就是悔改归正,所以我们要常常省察,如有偏差的路向,及早回转,不可一意孤行,越走越远,总要悬崖勒马,即速归向神,必蒙拯救。

自省有几处经文必须注意,诗篇一三九篇廿三、廿四节:"神啊,求你鉴察我,知道我的心思;试验我,知道我的意念,看在我里面有什么恶行没有,引导我走永生的道路。"箴言二十章廿七节上:"人的灵是耶和华的灯,鉴察人的心腹。"哥林多前书十一章廿八节上:"人应当自己省察。"当发现自己确已偏离,尽速回转,神必不再怀怒,却眷顾他(参耶三12～14)。

"归向神"的"向"字这个介系词('ad)与通常的用词('el)不同。后者强调方向,人归向神,方向虽然对了,但可能仍不全心全意归向他。但前者强调目标,神是目标,归向神,一定要切实亲近神,必须贯彻始终。在何西阿书六章一节着重方向,在十四章一节,就着重目标,使何西阿的信息更为有力与有效。

三 41　我们当诚心向天上的神举手祷告。

归向神,不只是一种意念,也是实际的行动,在神面前祷告,祷告必须诚心,诚心表明全心与存心,要将心举起来,好像举手一样,心与手一同举起,祷告才是身心的举动。这不只是外表的、形式的,也是内在的、实际的。外面的仪式,发展成里面的实际,祷告才真正属灵。

举手祷告,在诗篇中屡次提说(诗廿八 2,六十三 4 等)。心让手替她举起。这是七十士译本与叙利亚译本的用意,人真正将心灵内里的感受,以举手祷告的方式,呈献给神。⑱

本节直译应作:"让我们举起我们的心,向着手掌,向着天上的神。"由于手掌不是神,不可将手掌与神二者并列,以致有建议将"向着手掌"改为"放在手掌上",意思是将心放在手掌上而举手祷告,因为这是七十士译本的用字(epi,即将希伯来字'el改成'al)。这可联想约珥书二章十三节:撕裂心肠,不撕裂衣服。衣服究竟还是外表的,心肠才是里面的,这种说法是否可以将本节改成一种劝勉:"我们当举起心来,不是举起手,向天上的神祷告。"⑲

⑱ Provan, *op. cit.*, 100.
⑲ Gordis, *op. cit.*, 185.

"天上的神"，在七十士译本作"至高的神"。神在天上，在至高之处，有绝对的权柄，有赦罪的恩典，但我们必须敬虔地认定他，谦卑认罪悔改，有诚心的祷告。

三 42　我们犯罪背逆，你并不赦免。

祷告必须有认罪，表明悔改的心，祈求神赦罪的恩典。这认罪的悔改祷告，由本节延伸至第四十七节。祷告是经过省察，再进一步寻求与神和好的途径。

在祷告时，他深切承认现状："我们犯罪背逆。"犯罪背逆，用两个不同的字，"犯罪"（pēsha‘）原意就是叛逆不顺命，"背逆"（marah）原意为"顽梗""违背"（王上十三 21、26），多处的中译词为"背逆"（耶四 17；民二十 10），可见这两个字是同义的。

认罪为什么不蒙赦免呢？因为神的公义必须罚恶，并不顾惜（二 21），在本章四十四节，祷告不得进入，因有黑云遮蔽。但是耶和华的怜悯必垂顾祷告者不住的哭泣（一 16、二 18，参诗一一九 136）。最后，神必赐给赦免的恩典。神要看见悔罪的心十分彻底，救恩才可来到，恩典是白白赐下的，但并不轻易。

三 43　你自被怒气遮蔽，追赶我们，你施行杀戮，并不顾惜。

他在此处不是对神有控告的心意，因为他知道神的怒气不是偶然的，实在是人的罪使神生气。神怒气的刑罚，是人罪有应得，不应该怪责神。所以不可看神的残忍，神却不将公义的惩治随意处置，必须认真执行，甚至不厌其烦追赶过来，必须杀戮，将罪除灭，毫不顾惜。

神自被怒气遮蔽，好似将士将战袍自行穿上，才可出战场，攻击敌人。神也这样对待罪恶，必须除灭。神虽爱罪人，却恨恶罪，所以除罪的事必不顾惜，不然后患无穷，现在决不容忍，以后才可实施完满的救恩。

也许在悔罪者看来，神不赦免，其实神在赦罪之先，要使罪权除灭。这是新约中救恩的原委。基督耶稣降世，为要除去魔鬼的作为。他在十字架上得胜罪的权势，然后救赎的大功作成，就广行赦免。

三 44　你以黑云遮蔽自己，以致祷告不得透入。

先提怒气遮蔽，现再提以黑云遮蔽。黑云是遮蔽神的性格，使人不能明白。神有意隐藏自己，不愿显露。他是远离人的神，也不愿人就近他,他使祷告不得透入。看来祷告已失去功效。

在本章第八节,诗人已经哀叹,他的祷告不能上达。神一直不让人有机会向他祷告,因为他不想罪人向他求情。他是一位战士,杀戮毫不顾惜,在二章二、四、十七、廿一节都已提及,使人在受苦中不再对神有所奢望,只有甘心服在神的权威之下,无可抗拒。

这节最好的解释,是在以赛亚书五十九章二节:"但你们的罪孽使你们与神隔绝,你们的罪恶使他掩面不听你们。"

三 45　你使我们在万民中成为污秽和渣滓。

万民是外邦人,他们轻视以色列人,认为他们是没有价值的百姓(结十五 1～7)。他们看以色列人为污秽,当作垃圾,当扫去除掉,没有存留的必要。他们是渣滓,多余而且累赘,在哥林多前书四章十三节,使徒保罗承认,作神的工人,被看作世界上的污秽,万物中的渣滓。

"污秽"只在此处出现,含意仍有研究的必要。以西结书廿六章四节下"刮净",似与"污秽"一字的字根相同。这好似指身体的排泄物,刮去弄干净,是疾病或皮肤的刮净,是会令人十分憎厌的。

外邦人不尊重耶和华,更不会重视耶和华的民,尤其当选民犯罪,得罪神,神对他们失望,要管教他们,使他们归正,但他们仍在罪恶中,自暴自弃。

三 46　我们的仇敌都向我们大大张口。

仇敌向他们张口,表明他们肆意讥笑羞辱,幸灾乐祸,正如二章十五、十六节的涵义。向他们张口,不仅嗤笑,而且又切齿,想吞灭他们,这是神的百姓最为难堪的,他们几乎不能忍受。

新约中记述主耶稣的教训,要爱仇敌,是我们信徒也不易想象的。但在旧约中,以色列更将敌友分明,因为在他们的心目中,仇敌是与神为敌的,轻慢神的必陷害他的百姓。所以以色列人对外族的嫉恨很深,他们求耶和华为他们的保护,为他们伸冤与辩冤,他们深信在外邦人遭报受灾的时候,才是他们得赎的希望得以实现的日子。所以以色列人对万族以仇敌视之,只有咒诅。

本章既重复了二章的思想,以下就是圣城被毁的概要。

三 47　恐惧和陷坑,残害和毁灭,都临近我们。

圣城被毁的后果,只有恐惧和陷坑,可参考以赛亚书廿四章十七节：除了恐惧和陷坑，还有网罗。耶利米书四十八章四十三节指外邦人，有这三项：恐惧、陷坑及网罗。这是捕捉鸟兽的方法，现在以色列人就陷在困境，无法逃脱。恐惧和陷坑是一组，为同义的对句，又有残害和毁灭，为另一套同义的对句，都描述耶路撒冷被毁的惨况。

"恐惧"在不同的版本有不同的译词。七十士译本作"怒气"或"惊奇"，叙利亚译本与亚兰文译本作"战兢"。

"残害"（sā'ah）改作"举起"（naŝa），是照七十士译本与叙利亚译本，但含义反而不甚清楚，这是否指敌人举起武器，或指他们的狂傲，妄自尊大？似乎没有清楚的解释。

三48　因我众民遭的毁灭，我就眼泪下流如河。

他提到众民，众民的女儿，是指妇女们所遭的灾祸。在五十一节再提"众民的女儿"，这两处中译词只笼统地作"众民"，没有用"女儿"，以指所有的同胞，而不是专指妇女。"女儿"在先知书中，多指"居民"，可见"众民"是指一般性的。

此处"女儿"为单数，而在七十士译本为"多数"，但这究竟仍指群体的。作者的悲哀却似为个人的。他看到这情形，心中悲苦而哀哭。

这样悲苦实在是无可忍受的，以致眼睛忍不住流泪，而且越流越多，无法再抑制，终于好似河水决堤一般涌流不止，甚至汇为洪流，如河川一般，川流不息。这样的描述未免有夸张之嫌，却十足表露作者悲痛的情怀，甚难抑止。作者当然不是代表众民，也不能将众民的安危存亡都当作己任。但他个人在这样的悲惨里，看到众人遭灾的情形，自然无法等候。

三49　我的眼多多流泪，总不止息。

此处意义似极清楚，但在文法的结构上并不清楚。本节的主词是眼泪，还是眼睛？照希伯来文、叙利亚译本，以及大部分希腊文译词，重点在流泪。但是拉丁文译本，重点在眼睛。上半节的含义已经清楚了。二章十一节"眼中流泪"，应与此处一样，以"眼睛"为重点，但是问题在下半节。"不能止息"是指眼睛，还是指我个人，因为七十士译本以"我"为主词，"止息"有时可作休息。"我总不能休息。"休息的不是眼睛。照二章十八节，流泪昼夜不息，没有休息，眼睛仍不能闭起来养神。

三 50　直等耶和华垂顾，从天观看。

以色列的境遇如此，是人所能想象的。人们不知神怎样处置，所以不住地悲叹，求神看透实况。"耶和华啊，求你观看"(一 11、20，二 20)，"求你看我的苦难"(一 9)。

在苦难中，人所求的只集中在这方面，认为神必会从天向下垂顾观看，因为人受苦，神的苦楚更深。人不会明白苦难，除非他知道神迫切的心。神观看之后极愿将救恩赐给人，但人还不会接受，还不知道怎样蒙受主的恩惠，以致作者十分焦虑，在哭泣中仰望神的怜悯，求他观看与垂顾。

三 51　因我本城的众民，我的眼，使我的心伤痛。

本节似为综合上文的论述，"本城的众民"在四十八节。"我的眼"在四十八、四十九节。眼是观察的，他的眼所看见的，都是本城众民所遭的灾，看了使他心中感到伤痛。

本城的众民所遭的灾，在中译词本节并未译出。这一用词('alal)，在一章廿二节为"恶行"，有时可指灾害的事。

眼不仅是观察的，也因伤感而洒出热泪来，有同情与关切，可能也是悔罪的泪(一 16，二 18)。耶利米因爱同胞而流泪(耶九 1，十四 17)。诗篇一一九篇一三六节："我的眼泪下流成河，因为他们不守你的律法。"

这是有先知爱国的情怀，为自己的同胞哀哭。这也是祭司代求的职事，为城内甚至城内的百姓忧伤，并作安慰的劝勉，且为他们举手代祷。

自四十八至五十一节，由于代名词是由多数转至单数，应属于个人的哀歌，但个人仍代表群体，他将自己完全介入众人之中，与他们完全认同。他究竟不能站在局外，在超越的立场，因为他实际是在其中，是他们中的一个。

这是诗人个人在民族整体前，发出呼吁的声音。他是在召唤以色列人切实悔罪，等候耶和华的拯救与施恩，在呼叫声中不禁有悲怆的情怀，难免流泪痛哭。

(ii) 切望民族中兴(三 52～66)

在以色列的圣诗中,哀歌与感恩诗常互相对衬,相映成趣。他们在苦难里,呼求神的拯救。神应允他们,施行奇妙的能力,他们在仰望的时候,等候救恩的来临,于是信心倍增,充满着希望。这段经文包括悲叹目前的惨况(52～54 节),从信心中满怀盼望(55～66 节)。

三 52　无故与我为仇的追逼我,像追雀鸟一样。

在悲叹目前的处境,主要在于仇敌的攻击,这种威胁无时或已,深感危险,缺乏安全感。

仇敌完全像猎人一般,看以色列为掠物。他们这样作,完全没有原因,所以他们是应该被定罪的。这些侵略者原先只是神忿怒的杖,神藉着他们来刑罚以色列人。但是他们利用这样的机会,肆意掠夺,过分迫害,甚至变本加厉,这是以色列人无法忍受的苦难,也极不甘心,其痛苦不仅是整体的,也是个人的,作者内心很愤慨。

以色列受迫害,好像雀鸟一般被追赶,可参考诗篇十一篇一、二节,雀鸟在被射的时候,是否应该逃往山上呢? 诗篇一二四篇七节:"我们好像雀鸟,从捕鸟人的网罗里逃脱;网罗破裂,我们逃脱了。"以雀鸟为喻,十分生动与真实。

三 53　他们使我的命在牢狱中断绝,并将一块石头抛在我身上。

上半节有不同的译法。英文新译本作:他们将我活活地扔在深坑里(Revised Standard Version,New English Bible)。另译作:"他们将我扔在坑里,处之于死地。"(参考 New International Version)这与中译词比较接近。

深坑是将被捉的鸟兽扔下的地方,再抛石头打死它们。鸟兽也许不是被捉之后扔下去的,这坑也许是陷阱,它们自行掉落的,无法逃脱。[40]

深坑指牢狱,这是意译,指人被囚禁,有性命的危险。中译本就是

---

[40] Kaiser, *op. cit.*, 357.

以意译的方法来说明这样的威胁。㊶ 深坑有时可指坟墓,死人埋葬之
地。人都对这有无限恐惧的感觉,祈求神脱离。诗篇三十篇三节:"耶
和华啊,你曾把我的灵魂从阴间救上来,使我存活,不至于下坑。"诗篇
一四三篇七节:"耶和华啊,求你速速应允我! 我心神耗尽,不要向我掩
面,免得我像那些下坑的人一样。"

　　石头是单数,或是集体名词(叙利亚译本,现代英译本,Jerusalem
Bible,New International Version),或只指单一的石头(七十士译本,
拉丁文译本以及英译本 New English Bible),为将坑口封住,使坑里的
鸟兽困住,不得逃脱。

　　三 54　众水流过我头,我说:我命断绝了!

　　众水可指大水或洪水,就如先知约拿说:"诸水环绕我,几乎淹没
我;深渊围住我,海草缠绕我的头。我下到山根,地的门将我永远关住。
耶和华我的神啊,你却将我的性命从坑中救出来。"(拿二 5、6;参诗十
八 4～5;撒下廿二 5～6)诗篇六十九篇一、二节:"神啊,求你救我,因为
众水要淹没我……我到了深水中,大水漫过我身。"十五节:"求你不容
大水漫过我,不容深渊吞灭我……"诗篇八十八篇十七节:"这些终日如
水环绕我,一齐都来围困我。"约伯记廿七章二十节:"惊恐如波涛将他
追上。"以赛亚书四十三章二节给予安慰:"你从水中经过,我必与你同
在;你趟过江河,水必不漫过你。"但在这首诗中,仍未看见这样的恩惠。

　　"我说……"意思为"我想",照我的判断,我的生命都要被剪除了,
有的译为"我灭亡了,我失落了"。

　　诗篇中另有其他哀歌,也有类似的语调,四十二篇七节:"你的波浪
洪涛漫过我身。"一二四篇四、五节:"波涛必漫过我们,河水必淹没我
们,狂傲的水必淹没我们。"水喻为狂傲,必指水势极大,汹涌来袭,无法
抗拒,他看活命的希望都断绝了,好像命断绝一样。可见他当时深陷在
苦难中,何等可怕。

　　三 55　耶和华啊,我从深牢中求告你的名。

　　从本节起,诗人在神面前祈求。深牢仍是深坑,如在五十三节。这

㊶ Provan,*op. cit.*,105.

是指实际的囚禁,或是只为象征的言语? 被掳者不仅他个人,也是许多人,他们到外邦之地,如同囚犯一样,未必失去自由,却自感深陷在苦难之中,无法摆脱。

"求告"是完成式,可能不是过去曾经求告过,而是指现在。他的祈求是实际的,也是肯定的。这肯定的语气是希伯来文法中所特有的(perfect of certainty)。求告主的名就必得救(珥二 32)。

这是哀歌里常有的用词。诗篇十七篇六节:"神啊,我曾求告你,因为你必应允我。"(中译词"曾求告"可能照完成式,也与此处一样,指肯定的祈求。)诗篇八十八篇九节:"耶和华啊,我天天求告你,向你举手。"诗篇一一九篇一四五、一四六节:"耶和华啊,我一心呼吁你,求你应允我……我向你呼吁,求你救我……"一三〇篇一节:"耶和华啊,我从深处向你求告。"一四一篇一节:"我求告你的时候,愿你留心听我的声音。"(这节两次提到"求告"。)

以上所引述的,以诗篇一三〇篇一节与本节最为相似,二节与下节(56 节)也为相似。

三 56　你曾听见我的声音,我求你解救,你不要掩耳不听。

"你曾听"完成式仍非指过往的经验,而是肯定的语气:你一定肯听我的声音,这好似哀歌一章廿一节("你必使……")有信心的确据。

有的解经家以为在这几节是回顾以往的祈求与救恩,如诗篇卅一篇廿二节:"我呼求你的时候,你仍听我恳求的声音。"但这仍可作现在的实况,神必侧耳听他们的祈求(诗十 17,七十一 2,八十六 1)。"听"是一普通的用词,但是"侧耳听"似较为特殊,在诗篇一三〇篇二节:"主啊,求你听我的声音,愿你侧耳听我恳求的声音。""听"之后,再加"侧耳听",必为加重语气,一四三篇一节:"求你听我的祷告,留心听我的恳求。""留心听"原意也是"侧耳听"('zn),由"听"至"侧耳听",确有进一步的经历。如果上半节真的回顾过往的经历,也极为合理:你以前曾听我的祈求,现在我再求,也一定不会被拒绝。

现在我求你解救,你不要掩耳不听,千万不要像四十四节:祷告不得透入。 现在他所求的是救恩,求主救赎他的性命,不致断绝。此处恳求解救的声音,好似深切的叹息(rwh),情词一定十分迫切。

三 57　我求告你的日子,你临近我,说:不要惧怕!

在求告的日子,神就临近他。"临近"仍以完成式,来强调肯定的实情,而且也有"时常"的涵义,"你必时常临近我。"[42]

诗篇六十九篇是最好的诠释,"神啊,求你救我……"(1 节起),以众水喻为苦难,他因急切,甚至呼求困乏,喉咙发干。他求神救他出离淤泥,出离深水(14～15 节)。"求你亲近我,救赎我……"(18 节)

"不要惧怕",是在圣所敬拜的时候,重复念诵神的应许,使他知道爱里没有惧怕,神必给他(及他们)安慰。这是以赛亚书后半部常提的话,如在四十三章一节,四十四章二节等。以赛亚书为鼓励被掳的人归回故土,应有信心的确据。哀歌在被掳的经验中,也应有信心,仰望神而有这样肯定的认知。

以色列人在苦难中,有十分惧怕的心理,因为敌人的凶暴,任何残忍的事都做得出来,无法防御,也无力抗拒,随时受虐待,甚至有被杀害的危险。所以在苦难中只有求告神,受苦的日子就是求告的时候,刻不容缓,也就在他们求告后,神临近他们,有神的同在,就不怕遭害,只有平安。

三 58　主啊,你伸明了我的冤,你救赎了我的命。

诗人提出他的呼吁,恳求主的公义为他伸冤。神就接受这样的案件,秉公办理。这也是诗篇四十三篇一节以及一一九篇一五四节的话,尤其在后者,辨屈与救赎连在一起,与本节相同。

"救赎"原意为辩护(ga'al),耶利米书五十章卅四节:"他们的救赎主大有能力,万军之耶和华是他的名。他必伸清他们的冤。"伸冤与救赎是连在一起的。

在诗人看来,他及犹大人受苦,是受冤屈的,都是因受敌人的陷害,他们有被灭命的危险,所以必须求神为他们伸冤。

三 59　耶和华啊,你见了我受的委屈,求你为我伸冤。

神看见以色列受了委屈,这在四十九至五十节也有说明,诗人一直在悲痛中,直等耶和华垂顾,从天观看。伸冤在神,他必报应。

---

[42] Gordis, *op. cit.*, 186.

这里是否说耶和华已经看见了呢？神还没有看见，或者说神还不曾看见，知道神必愿意看。他不仅是公义的神，秉公行事，施行审判。他也是恩慈的神，不忍属他的人受委屈，忍受苦难。可见这样的祈求必是神所注意的，他必有公义的行动。

三 60　他们仇恨我，谋害我，你都看见了。

上节"求你为我伸冤"是祈求的口吻，但七十士译本却以叙述的方式，表明他有信心，相信神必会伸冤。此处再以叙述来显明他的信心，知道神必已看见，不需要他再恳求。

敌人的仇恨不只是态度，更是行动，使以色列人经受不起。他们谋害，似有计划，加以谋略，加害于他们，使他们无法逃脱，也无从反抗。这些都是事实，可以求神来察看与察验。在控诉中，心里十分愤慨，只有求神施报（64 节）。

三 61　耶和华啊，你听见他们辱骂我的话，知道他们向我所设的计，

他不仅求神察看，也求神留心听，听见仇敌们的辱骂。诗篇中常有受苦者诉冤，因为他们成为辱骂的对象。例如诗篇六十九篇九节："辱骂你人的辱骂都落在我身上。"七十九篇四节："我们成为邻国的羞辱，成为我们四围人的嗤笑讥刺。"在本章三十节，他们满受凌辱。

"设计"仍与上节"谋害"同义。他们加害于以色列的，是他们详尽周密的计划，所以他们存心谋害，毫不怜惜，充满恶毒，罪不可恕宥。

三 62　并那些起来攻击我的人口中所说的话，以及终日向我所设的计谋。

那些仇敌肆意攻击，口舌所说的话，可能是"低语"或"简单的话"，[43]都是恶毒的话，幸灾乐祸的话，使人无法忍受。

他们终日在谋不正、害人的事，设计谋害，已在六十、六十一节反复提说，此处再作结语。"终日"是指生活的全部，坐在家里，行在路上，躺下，起来（申六 7），就是指他们无论作息行止，都在计谋陷害的事，在下节再经重复，可见事态的严重。

---

[43] *New English Bible*，*New International Version*.

三 63 求你观看,他们坐下、起来,都以我为歌曲。

求神观看,三十节以及五十九、六十节都有这样的祈求。观看就必垂顾,求神特别怜悯。

坐下、起来,与终日可谓是同义的(文体方面可称之为 merismos)。在诗篇一三九篇二节:"我坐下,我起来,你都晓得,你从远处知道我的意念。"在犹太著作中(Mishnah:B. Bor. 20a;Erub,100a)也是常用的词句,仇敌无论在什么时候,或工作或闲暇,都极尽讽讥的能事。

"以我为歌曲",重复本章十四节的话:"他们终日以我为歌曲。"这样精神的虐待,也确使受苦者十分难堪,不能忍受。

三 64 耶和华啊,你要按着他们手所作的,向他们施行报应。

神的公义是报应的,照着他们的行为,叫他们承受后果。希伯来的思想中,手是指着行为,耶和华是轻慢不得的,人种的是什么,收的也必是什么。

"报应"的涵义也在诗篇廿八篇四节:"愿你按着他们所作的,并他们所行的恶事待他们。愿你照着他们手所作的待他们,将他们所应得的报应加给他们。"

三 65 你要使他们心里刚硬,使你的咒诅临到他们。

神使他们心里刚硬,故意违背神,以致难逃神的审判,可参考出埃及记七章一节起,埃及法老王心里刚硬。这个用词原意为"硬的遮盖"(magen,即盾牌),是七十士译本与拉丁文译本的译词。但此处的用词是在旧约中惟一出现的字(meginnah),可译为麻木不仁,或迟钝('dullness',Revised Standard Version)。有译为"盲目",可参考列王纪下六章十八节:"眼目昏迷。"[44]有译为"内心忧苦",[45]以及"癫狂",[46]也有译为"心中衰弱",[47]亚兰文译本作"心碎"。叙利亚译本作"空虚",这是智慧文学的用词"无知"(箴六 32,七 7,九 4,十 13,十七 18,廿八 16)或"毫无智慧"(箴十二 11),申命记廿八章廿八节:癫狂、眼瞎、心惊。

[44] Rudolph, op. cit., 233-234;Kraus, op. cit., 68.
[45] 叙利亚译本,也为英文钦定本所采取,可参考 Hillers, op. cit., 65.
[46] Gordis, op. cit., 187-188.
[47] Gordis, op. cit., 187,引用 Parles.

他们已到心理失常的状态,因为神的咒诅临到他们。⑱

"心里刚硬"中译词仍为较好的译词。⑲

三 66　你要发怒追赶他们,从耶和华的天下除灭他们。

自六十四节至六十六节,几个主要的动词都用未完成式(imperfect),重点是进行时式,继续不断地施行报应,不停地追赶,一直在进行除灭的事。

"追赶"在四十三节,神在怒气中追赶他的子民,现在神追赶的是子民的仇敌,他们必无法逃脱。

在耶和华的天下,是指普天之下,因为耶和华是天地的主,他掌管万国的命运,只有在以色列的仇敌遭除灭的时候,民族才可中兴。

咒诅仇敌,是旧约圣经中所强调的。民数记廿二章六节,摩押王巴勒要巴兰来咒诅以色列人,但巴兰不敢咒诅,因为知道以色列人是蒙福的。诗篇有多处咒诅仇敌,如卅五篇四至八节,四十篇十四、十五节,五十八篇,六十九篇,一○九篇。诗篇一二九篇四、五节:"耶和华是公义的,他砍断了恶人的绳索。愿恨恶锡安的都蒙羞退后。"

附录:慈爱与诚实

在三章廿二至廿三节,可谓本书的中心信息。神有慈爱(hesed),也有诚实('munah),后者常译作"信实",其实两者都可译"信实",甚至前者是更为标准的用词,多处都作"信实"解,这字与"公义"同为圣约的主要用词,相提并论,在先知文学中尤为显著。

"慈爱"亦译为"恩慈"、"怜悯",而在廿二节下的怜悯却是另一字(rahem),原意为母腹,指母爱包括怀胎的经历,更加亲密的爱,对儿女的怜恤与眷爱。可见慈爱原与怜悯及诚实都是同义字,主要的涵义为"信实"。

"诚实"原为"真实",新约中希腊文以音译为"阿门",这是指神的真实与信实,由于与"慈爱"(hesed)同义,同样可译作"信实",有时并用,

⑱ Gordis, *op. cit.*, 188.

⑲ Kaiser, *op. cit.*, 346; *Jerusalem Bible*.

但"诚实"不如"慈爱"那么强烈,同时并用在旧约中至少有二十次之多。"慈爱"与怜悯(rahem)并用却有廿一次。[50]

　　慈爱与诚实,在中英文译词,始终不能统一,因为在同义的涵意上,似无法十足表达。这是神的特性,恒常的、持久的特性。"信实"是包括恩典与慈怜,但似有更多更深的涵义。信实是表明可靠,神是可信靠的,是信者恒久倚赖与投靠的对象。

　　"诸般的慈爱"在三章廿三节及卅二节,在廿三节"慈爱"为多数,在卅二节也有经文评鉴作为多数。[51] 多数可能着重特质,尤其是神的特性,当然更加可贵。"慈爱"确有积极的、关系的以及恒忍的涵义,译为"信实"更为恰当。这是积极的,有行动的,神的信实将公义施行出来,他的拯救是他公义的信实。这是关系的,有关圣约的履行与遵守,他的信实必使圣约始终有效,决不废弃。这是恒忍的,是持久的,这就与"诚实"相连,因为他的恩慈坚忍不拔,惟有他是真实的,他使人的生命坚强、社会稳固,他有保护的能力。"诚实"原有稳固坚定的涵义,所以可译为"信实"。诗篇一一九篇八十六节"你的命令尽都诚实","诚实"为可靠。在一一九篇七十五节"以诚实待我","诚实"实际上是指信实。

　　归纳言之,哀歌三章廿二节的"慈爱"与廿三的"诚实"是同义的,都是"信实"的涵义。此处用不同的字,道出相同的意义来。

---

[50] Gordon R. Clark, *The Word Hesed in the Hebrew Bible*, Jounal for the Study of the Old Testament, Supplement Series 157, 87.

[51] *Biblia Hebraica Stuttgartensia*, Threni 3:32 footnote.

肆　哭同胞之苦难
（四 1～22）

　　这是本书第四首诗，仍是按照字母排列的离合诗。在每节首行首字冠以字母，依次排列，与前几首相同。但与前几首不同的是，第一至三首每节三行，但这首每节两行。第三首每三行之首均以每节同一字母，而这首与第一、二首相同，只在每节之首行以字母开始，不如第三首那么整齐。

　　这四首诗都各有两个声音，叙述者的话在本首一至十六节以及廿一、廿二节。锡安民的悲叹在十七至二十节。本首诗稍为简短，只有悲叹，没有祈祷。提说神，都是第三人称（他），并不向神直接祷告。

　　本首诗又以"何竟"开始（中译词："何其"），如在第一首与第二首相同的用词。提到社会各阶层的人，都在苦难之中。第二首诗也提及君王、首领、先知、长老等（9～10 节），但简略得多。此处，整个民族都因罪受苦，显示神严厉的公义。最后却有复兴的确据，并对以东加以咒诅，说明神恩慈的救赎。

　　在诗中，虽有悲叹的怨言，但却有一种信靠神的语气，深信他们以前所献上的祷告已蒙应允。这是叙述者所强调的。叙述者与锡安的民都描述街上苦难的实况，在第五节、八节、十四节，也应包括第一、十八节。那种情景是在圣城陷落的时候，在市口、街上，都存在十分窘迫的惨状。人民看清无助的实况，无论在国内或国外，都没有救助的力量来到（17、20 节）。

　　叙述者主要的关怀是孩童的苦难，他甚至悲愤地历数宗教领袖的罪恶（13 节）。此处不是怨言，而是解释，分析人民的罪。

　　这首诗不若前几首的情绪那么激动，也不将锡安人格化，所以比较务实，就事论事，态度冷静，是很客观的省思方式，有点像是"间乐"（interlude），介乎以前与以后的乐曲，稍为松弛，在第五首再达高潮，以为结束。

　　本首虽为五首诗的间乐，但其本身并非只是平铺直叙的，它也有高潮，是在十八至二十节，叙述城陷之前最后的逃亡，以及王的被俘，紧张的气氛也确使人窒息。但接着就是对以东的咒诅，施以威胁，指明以色列的仇敌是神所憎恶的，神公义的审判必然临到恶者。这也成为以色列安慰的信息。锡安必有光明的将来，这种肯定的信念，确带给以色列莫大的希望。这无疑是先知的重点：总是带着信心的乐观，深信神必在历史中实现他救赎的计划。耶利米哀歌不能算先知书，应有先知预言的特质，在希腊文正典中，列为先知类，就不是偶然的了。

(Ⅰ) 圣城多苦多难(四 1～16)

本段仍可分为两小段，前一段(1～11 节)全是追忆的话，回想昔日的佳况。后一段(12～16 节)历数先知与祭司的罪状。

(ⅰ) 回忆过往佳况(四 1～11)

四 1　黄金何其失光！纯金何其变色！圣所的石头倒在各市口上。

黄金原有光耀，但日久未经磨亮，就会失色，昏暗不见光彩。黄金的色彩可显露它的价值，现在既已失去光彩，表明价值已经失去。如照第二节精金是指锡安的众子，此处也可指人们，表明他们不再有声望。因此经学家建议将失光（yū'ām）改为"被藐视"（yû'ab），"变色"（yišne）改为"被憎厌"（yiššanē'），这是早期经学家的建议（可译为"被咒诅"[①]）。有的建议"变色"为"憎恶"，可参考箴言十四章十七、二十节"恨"（十四 17）。"可憎恶的"（箴六 16；诗一一九 163；摩五 10；申十二 31，憎嫌与恨恶）。[②]

"纯金"一词在七十士希腊文译本作"银子"，叙利亚译本作玷污（可参阅耶二 23）。[③]

---

① Arnold B. Ehrlich, *Randglossen zur hebräischen Bibel*(1914).

② Delbert R. Hillers, *Lamentations*, The Anchor Bible(1972),78.

③ B. Albrektson, *Studies in the Text and Theology of the Book of Lamentations with a Critical Edition of the Peshitta Text*(1963),173.

黄金不再是贵重的东西,可以任意弃之于街市上,没有人会再视为珍贵。但是这里是与圣所的石头相提并论。圣所的石头,有认为是圣所的实物,也有认为是圣所的宝石或珍宝,黄金与珍宝似可并列,可能是指祭司衣袍上的饰物(出廿八 9～12)。这究竟是圣所的石头还是珍宝呢? 也有不同的见解。如指圣所的石头,圣所被毁之后,那些石头就散落在街头。如果是指圣物的珍宝,如今也被丢弃了,不再被重视。④

以宝石喻为贵族的,也采取古代近东的文献资料。⑤ 又可参考雅歌书五章十一至十五节。

"在各市口"在二章十九节以及以赛亚书五十一章二十节皆有提及。

本节经义概括言之:圣殿被毁,宝物散失,人与物的价值均消失殆尽。

四2　锡安宝贵的众子好比精金,现在何竟算为窑匠手所作的瓦瓶。

锡安的众子,原为以色列民族的精英,珍贵如精金,现在好似瓦器一般,没有什么价值可言。"好比"是较量,但现在都"不足以较量"(伯廿八 16、19)。

神的子民,在锡安的居民,是圣洁的国民,祭司的国度(出十九 6)。现在就不再有价值,好似窑匠手所作的瓦瓶,常指没有价值的东西(耶十八 1～4,廿二 28;何八 8)。以色列民尊贵的身份不复存在。

四3　野狗尚且把奶乳哺其子,我民的妇人倒成为残忍,好像旷野的鸵鸟一般。

以旷野的动物为例,野狗只在荒废的野地(可参阅耶九 11),尚且哺养幼子。把乳哺子,原意是将奶抽出来,使幼儿容易吮吸,这动作似为人母,描绘得十分生动。

---

④ J. A. Emerton,"The Meaning of 'abnê qōdeš. in Lamentations 4:1," *Zeitschrift für die alttestamentliche Wissenschaft* 79(1967),233－236. 有采取古代近东的资料,认为是宝石的,可参阅 K. Deller,"Die Briege des Adad. šummu-usur," in *Lišăn mithurti*, ed. W. Rölling, *Alter Orient und Altes Testament*, I (1968),53.

⑤ "The Babylonian Theodicy" Lines 56－57, Sumerian "Message of Ludingira to his Mother," 参看 Jean Novgayrol, *Ugaritica* V(1969),310ff; W. Heimpel, *Die Tierbidder in det sumerischen Literatur*, Studia Pohl 2(1968),60－63.

在另一方面,以旷野凶残的母兽来说明。鸵鸟对幼儿常很忽略,不予照顾,可参阅约伯记卅九章十三至十八节(又赛一 3;耶八 7)。以此来喻"我民的妇人",她们变得那么残忍,因为耶路撒冷陷落前,饥荒频仍,连为母的也无法照顾幼儿,如旷野的鸵鸟一般。

这节的重点在"残忍",在原文中加了语首的介系词,为加重语气(emphatic lamed)。⑥

四 4　吃奶孩子的舌头因干渴贴住上膛;孩童求饼,无人擘给他们。

各人只自求生命,无暇顾及幼儿。其实耶路撒冷城被围时,水不缺乏。在希西家王的时代,为供水,曾从城外挖出地下的隧道(王下二十 20)。但是他们却不给幼儿解渴。可能此处是指母乳的干涸,使孩童的舌头因干渴贴住上膛。食物更加奇缺,孩童在饥饿中,求饼无人供给。照本章十节,他们甚至成为父母的食物,多么悲惨的事实。

四 5　素来吃美好食物的,现今在街上变为孤寒;素来卧朱红褥子的,现今躺卧粪堆。

自上两节幼儿转至本节成人,在论述方面似不甚自然。可能指那些幼儿原出于富贵的家庭,他们长大后本来仍可享安乐,食物丰富,但这已不再成为事实。但此处是指成人,曾经享受过美食,现今在街上乞食,成为十分贫乏的人。他们在街上找不到零碎余剩的食物,陷于极端无助的状态之下。

他们曾拥有红褥子,舒适安乐,"红褥子"有译为紫色袍子;他们出身贵族或富豪之家,养尊处优,现今只能躺在垃圾堆。这是以粪堆描述他们卑贱无助,可参考撒母耳记上二章八节哈拿之歌,描述她由卑贱至尊贵。约伯记廿四章八节描述悲苦的现状。

四 6　都因我众民的罪孽比所多玛的罪还大,所多玛虽然无人加手于他,还是转眼之间被倾覆。

这是罪恶而有的刑罚,使人容易联想所多玛被毁灭那历史的往事。所多玛以罪孽著称称,在圣经中多次受提说(创十九 24～25;赛十三

---

⑥ Israel Eitan,"Hebrew and Semitic Particles-Continued,"*American Journal of Semitic Languages and Literatures* 45(1928),202;Thomas F. McDaniel,"The Alleged Sumerian Influence upon Lamentations,"*Vetus Testamentum* 18(1968),206 - 208.

19;耶廿三 14;结十六 48;太十 15;来十 31)。

论所多玛,并无人加手于他,可见他遭毁灭,不是人力,而全在乎神。神不能容让罪恶存在,他的公义是罚恶的。现在比较之下,犹大的罪必不在所多玛以下,可能有过之而无不及。所多玛遭毁灭是即刻的,所受的苦少些。耶路撒冷遭灾并非骤然,因此所受的苦难更加长久,甚至无时或已。"无人加手于他"在一般的解释,是指受人陷害,但也有其他的解释。"加手"或可译为"转向",表明无人转向他为帮助他(New International Version)。另有译为"无人扭他的手",可参考若干英文新译本(Jerusalem Bible,New English Bible)。七十士译本与叙利亚译本作"他的手衰弱无力",表明他振作无能,人力无法帮助他。没有神帮助,人不能协助。

"我众民"原意也与三节同:"我民的妇人……"原文作"我民的女儿",三节指为母的,但本节只指一般的犹大人,以"女子"喻为居民,此处也为通称。神对耶路撒冷的刑罚,是波及全民的,以色列人在犹大难逃此一浩劫。

四7 锡安的贵胄素来比雪纯净,比奶更白,他们的身体比红宝玉更红,像光润的蓝宝石一样。

贵胄是贵族或王子、官长,是有特别身份的人,这是一般的译词。但七十士译本作"拿细耳人",以致钦定本与耶路撒冷圣经都采取这一译词。拿细耳人是奉献许愿的,应在某些事上禁忌不做(摩二 11~12)。但是现在灾祸来到,圣洁与尊贵如拿细耳人,也不能幸免。译词虽不一致,但必指尊贵的人,有特殊阶层的,可参考创世记四十九章廿六节"迥别的人"(申卅三 16)。

他们的"身体",原意为骨头,是指全人(参箴十六 24),原十分完美,洁白如雪、如奶,十分光润,洗涤得尤其整洁。又用红宝玉来描述,红润表明有十足的健康。蓝宝石非常光耀,闪烁夺目,健康、俊美与光彩。

四8 现在他们的面貌比煤炭更黑,以致在街上无人认识;他们的皮肤紧贴骨头,枯干如同槁木。

由于饥荒频仍,缺乏食物,无营养可言,健康失去,他们不再特殊,与众人一样,在街上走,无人可以识别。他们的面貌十分黑,有病容(伯三十30),又干瘦,只剩皮包骨,枯干如槁木。

这是十分尖锐的对比,饥荒蚕食了人的青春生命,以致衰残如此,简直无法设想。但是生命本来就这样脆弱,经不起熬炼与摧毁。一幅灾祸的图画,以色列失国的悲惨,圣城陷落的凄凉,在此表现无遗。

第二节锡安宝贵的众子至此处锡安的贵胄,作者的哀歌似在这主题盘旋,今昔之比,尤其令人惊叹与感慨,悲情十分低沉。

四9 饿死的不如被刀杀的,因为这是缺了田间的土产,就身体衰弱,渐渐消灭。

两者不同的死亡,比较之下,还是被刀杀的较为好受,因为暴毙是片刻的,经历的苦楚不是长久的。但是饿死的就更多痛苦,"饿死"或可译为"饥饿而受创的",原有医治的可能,一有食物就可逐渐康复。但是眼看身体衰弱,逐渐在垂死中挣扎不已,但田间没有食物,只有在失望至绝望里渐渐消灭,这种身心的威胁与煎迫更加无法忍受。

被刀杀死的,是无法避免的,但是饿死的事情本来没有必死的厄运,可以挽救与补救的,但结果是坐以待毙,未免太悲惨了。这是何等的无奈!

四10 慈心的妇人,当我众民被毁灭的时候,亲手煮自己的儿女作为食物。

母爱原是伟大的,满有怜恤、舍己的精神,对儿女无微不至地加以照顾与保护。这是动物的本能,连鸟兽也有这样的母爱,再有妇人之仁,更可大为赞扬。

但是慈心如母亲的,在灾难中,饥荒的煎迫下,可以自私到失去母性与人性,亲手煮自己的儿女,简直无可置信。列王纪下六章廿四至廿九节,描述撒玛利亚城受亚兰军队的围困,饥馑的灾情越来越严重,以致发生易子而食的惨痛经验。这里的悲哀更加严重,因为妇人亲手煮食亲生的儿女。

"我众民被毁灭",这是描述以色列全民经受历史的浩劫。"我众民"原文为"我民的女儿",在第三节(译为"我民的妇人")、第六节以及此处;"我众民","我民"是圣约的民,可以体会作者的悲情,也体验神的悲情，神在忿怒中，有何等悲苦的情怀！

"我众民"还有在二章十一节及三章四十八节。耶利米书八章十一节也有同样的用词，中文译词是"我百姓"。

这次历史的浩劫，无辜的牺牲者是幼儿，四节的饥饿以及此处十节的被煮食。以色列民族因灾祸延及下一代，可说是穷途末路了。

妇人吃自己所生育的婴孩，原是不可想象的事（二20），但都可以成为事实。"食物"原为无定词（infinitive），但在动词的形式上是以加重词句的结构（piel：intensive），可译为"吞吃的食物"，似乎描写妇人过分饥饿，煮了幼儿来狼吞虎咽，或者也可说慈心的妇人变为残忍，精神完全失常，好像一个疯妇，竟失去理性，吞吃幼儿，与禽兽无异。这种可怕的景象是不忍想象的，反映人在极端苦痛中，会变为疯狂、失去理性的实况。

四11　耶和华发怒成就他所定的，倒出他的烈怒，在锡安使火着起，烧毁锡安的根基。

自本节起，饥荒的情况不再提说，描述另一幅灾情。此处特别强调，他的烈怒好像火一般焚烧，十分可怕惊人。这幅图画在二章三、四节已经呈现了，在那里，也是以火来描述，因为我们的神乃是烈火。以火来说明神的忿怒，在旧约中有许多经文，申命记卅二章廿二节与本节极为相似："因为在我怒中有火烧起，直烧到极深的阴间，把地和地的出产，尽都焚烧，山的根基也烧着了。"（参考赛十17；耶十七27，廿一14，四十九27，五十32；何八14；摩一4、7、10、12、14）这些都是指神忿怒的审判。

锡安有火着起，连锡安的根基都会烧毁。根基是石头，是火无法烧毁的。但作者的用意是强调灾情的彻底。锡安城的毁灭是彻底的，无法挽救。在新约中，预言耶路撒冷圣城被神忿怒所灭（路廿三30；启六16）。可见圣城的毁灭是历史的见证。

在本节前描述的，是城被围困的实况。那时敌军紧紧围住，粮食封锁无法进城，所以饥荒十分严重。现在是城被攻破，敌人长驱直入，势如破竹，杀戮的事好像火焰一般，迅速蔓延，无法止息。

(ii) 先知祭司罪状(四12～16)

四12　地上的君王和世上的居民,都不信敌人和仇敌能进耶路撒冷的城门。

耶路撒冷城的陷落,是出乎一般人的意料之外。"君王"原意为"在王位的","居民"可译为"被治理者",这样二者成为同义的对比。[⑦]但若作"居民",用意在于举世上下,包括所有的人,对圣城被陷都不能相信,因为听以色列说得太多,圣城是永不陷落的。

这种信念不是因防守巩固,而是由于以色列的信仰。圣城既有圣殿,为耶和华神居住的所在,神必保护圣城,免受损害与除灭。但是审判必须从神的家起首。

圣城的永久性不仅在被掳前为以色列的信仰,甚至在被掳之后仍持有的,锡安要成为宇宙的中心。诗篇四十八篇一至八节:"耶和华本为大,在我们神的城中,在他的圣山上,该受大赞美……我们在万军之耶和华的城中,就是我们神的城中所看见的,正如我们所听见的。神必坚立这城,直到永远。"在历史里,圣城曾被侵犯,但敌人都不得逞,因耶和华保护这城,有许多经文可资参考(王上十四25～26;王下十四13～14,廿三33;代下廿一16～17,廿五22～24,卅三11等)。于是以色列的信念一直坚持着,直到圣城真的被攻陷。他们在失望之余,仍展望将来,圣城不再是物质的,而是属灵的。

四13　这都因她先知的罪恶和祭司的罪孽,他们在城中流了义人的血。

本节原与上一节衔接,因为人们都不信仇敌能进耶路撒冷的城门。他们所以有这样的观念,是因以色列人过分自信,而这虚假的信念,是受假先知的迷惑。耶利米书六章十三节:"他们从最小的到至大的都一味地贪婪;从先知到祭司都行事虚谎。"廿三章十一节:"连先知带祭司,都是亵渎的……"(参耶廿六8)耶利米论假先知:"说假预言的先知,就

---

⑦ David Noel Freedman, "The Song of Miraim," *Journal of Near Eastern Studies*, 14 (1955),248－249.

是预言本心诡诈的先知。"(耶廿三 26)他们以谎言欺骗众人,耶路撒冷城必享平安。祭司的罪孽,是不以律法教导百姓,促他们悔改。在表面上先知和祭司都没有直接流人的血,但他们的失败导致圣城多人流血,这流血的罪必归在他们头上。他们实际一同迫害耶利米,流他义人的血。若不是神的保守,耶利米会死在他们手下(参耶廿六章)。

　　这里只提先知,并未指明假先知,但仍不是一概而论。个人的责任是必须强调的(耶卅一 39;结十八章)。先知与祭司既是处在领导者的地位,他们必比别人多负责任,需在神面前交账。

　　四 14　他们在街上如瞎子乱走,又被血玷污,以致人不能摸他们的衣服。

　　"他们"从上下文看,指先知与祭司,但有些解释为锡安的人认为或是十二节"世上的居民",⑧他们乱走,又如瞎子,必指他们在灾祸中不知如何逃命。这样描述也在西番雅书一章十七节,在耶和华的日子,人们行走如同瞎眼的(参赛五十九 10;申廿八 29)。叙利亚译本作"他们的尊贵人",是否仍指先知及祭司? 以赛亚书五十九章十节,如瞎子摸索墙壁,是指普通的百姓。

　　他们如果是先知与祭司,仍较为合理,先知应看见异象,有属灵的看见,但现在什么都看不见,好像瞎子一般。七十士译本作"守望者",先知应尽守望者的职责,他应该警戒人,而自己却毫无定见,慌忙中乱走。

　　他们被血玷污,因为在上节,他们不帮助人,反而陷人在灾祸中,在玷污的事上无法推卸责任,流无辜人的血是会玷污全地的(结廿二 1～5;诗一〇六 37～39)。有的解经家认为,此处是指先知与祭司误导人民敬奉偶像。

　　人们不能摸他们的衣服,是因为他们沾染污秽。他们是否患了麻风病呢? 申命记廿八章廿八节,人若行恶而遭咒诅,"耶和华必用癫狂、眼瞎、心惊攻击你。"

　　在本节下,经文评鉴方面有不同之解释。有译为:"他们触摸了不

⑧　Delbert R. Hillers, *Lamentations*, 82.

该摸的衣服。"⑨又有人译为："他们的力量耗尽了，衣衫撕破不整。"⑩这里描述的是围城及城破后的灾祸混乱，人们在震惊、流血、疲劳以及衣衫破损不整的窘况之中，好似麻风病的患者，使人看他们为不洁净的，远远地避开。

四 15　人向他们喊着说：不洁净的，躲开，躲开！不要挨近我！他们逃走飘流的时候，列国中有人说：他们不可仍在这里寄居。

人们将他们看为麻风病患者而大声喊叫，要他们不洁净的躲开，不可挨近。通常是麻风病者向人喊叫，承认自己是不洁净的，现在被别人发现，被厌弃的情形更为羞耻。申命记廿八章六十五节，描写那些恶人被咒诅，终日惶惶，不得安逸。

他们逃走飘流，不得落脚之地（申廿八 65）。"飘流"一词可译为"摇摇晃晃，东倒西歪。"（诗一〇七 27）列国的人都拒绝他们，不让他们寄居。也可译为"争竞"与"奋斗"，有译为"落荒"，⑪他们走投无路，任何地方都不想收留他们。他们成为祸患，谁都惧怕，还是及早将他们逐出，免致以后有后患。

本节下，"列国中有人说……"译为"有人说，他们不可在列国中寄居。"⑫

四 16　耶和华发怒，将他们分散，不再眷顾他们。人不重看祭司，也不厚待长老。

"耶和华发怒"，发怒并非动词而是名词，可译为"怒容"，因原文只是"脸面"，必指他忿怒的面容。诗篇卅四篇十六节："耶和华向行恶的人变脸……""耶和华面容"也可指耶和华"亲自"，将他们分散，这是忿怒的动作。他分散他们，表明不再眷顾，不再保护。

耶和华的面也有威荣，人不可看见耶和华的面，看见的人必死。所以摩西只能看见耶和华的背，不可看耶和华的面，人们必因神脸上的怒

⑨ Wilhelm Rudolph, "Der Text der Klagelieder," *Zeitschrift für die alttamentliche Wissenschaft* 56(1938), 101－122.

⑩ Hillers, *op. cit.*, 76,83.

⑪ Iain Provan, *The New Century Bible Commentary*: *Lamentations*, 119.

⑫ Hillers, *op. cit.*, 76.

容就灭亡了(诗八十 16)。神的荣光可击杀人。

人不重看祭司、厚待长老,因为他们不尽职守,有辱使命。长老被定罪,曾在二章十节提说他们蒙羞举哀,此处更强调他们的失败,不再有尊荣。"长老"也可译为"长者"或"老人",也许是指先知,有时可包括祭司,所以此处"祭司"与"长老"是同义的。

本节"人"是单数,原为"他"或"他"——神。后者可能更为合理,原文中的动词为多数:"他们",神也可用多数字。有的为避免不同的解释,译作:"祭司不被重看,长老也不被厚待。"[13]

(II) 将来盼望渺茫(四 17～22)

在耶路撒冷城被围困时,犹大的以色列人寄望于埃及,等待埃及伸出援助的手。但是巴比伦尼布甲尼撒王,以迅雷不及掩耳的方法,攻击埃及的援军(耶卅七 5～7)。于是犹大再无任何希望可言了。那时邻邦呢? 如以东,他们看着圣城由垂危至沦亡,幸灾乐祸,并且趁火打劫,于是本诗的作者在悲愤之中,咒诅以东,预言以东的败亡。

(i) 徒叹失望无助(四 17～20)

四 17　我们仰望人来帮助,以致眼目失明,还是枉然。我们所盼望的,竟盼望一个不能救人的国!

本节起由第三人称转至第一人称,如在第一章与第二章,但此处是多数,"我们",在本书一直有叙述者与受苦的人民对谈。事实上,叙述者并非站在客观的立场,而是与民众是认同的,他也是在受苦者一群的。现在是锡安的人们发言了,至二十节后,再由叙述者以先知的口吻,预言以东最后的败亡。

"仰望"原意为眼睛睁得大大地切望,英文新译本(New English Bible)作"我们望着,望着……"切切地盼望救助来到,结果仍属失望。

[13]　F.B. Huey, *Jeremiah*, *Lamentations*, 482-483.

此处可译为"我们望眼欲穿",终于完全失望,最后才发现他们所盼望的,是盼望一个不能救人的国。

此处并未说明,那不能救人的国是哪一国。但参考耶利米书卅七章五至十一节,必指埃及。埃及非但不能,没有力量,也是不愿,没有诚意。这是犹大王最严重的错误,也看见倚靠人力多么枉然。

"盼望"还不只是一种心态,也是实际的行动,真站在守望所观望,盼待救助,但这一切都已落了空。

四 18 仇敌追赶我们的脚步像打猎的,以致我们不敢在自己的街上行走。我们的结局临近,我们的日子满足,我们的结局来到了。

仇敌的追赶,是在破城之后,敌军紧追,使人民无法逃脱,因为敌军在街上见人就杀,以致人们再不敢在街上出现。追赶我们的脚步,也可译作封住我们的脚步,使我们动弹不得,不能往街上逃,只有坐以待毙,无可奈何。"追赶"也有译为"细察",敌人一直观察我们的脚步,绝不放松,盯得很紧,我们是无能脱逃了。⑭

仇敌好像打猎的,猎户好似鹰鸟,动作实在非常敏捷,使逃难者在惊惧中被擒或被杀。他们往哪里逃呢? 或在街道,或在山野,都没有出路,正如一章六节:"在追赶的人前无力行走。"又如三章五十二节:"追逼我,像追雀鸟一样。"申命记廿八章四十九节以鹰攻击为喻(参耶四13)。在下节再有补充。

四 19 追赶我们的比空中的鹰更快,他们在山上追逼我们,在旷野埋伏,等候我们。

仇敌的追赶,由街头至高山,又在旷野,他们以色列人确是无法逃脱的,追赶有的是明处,有的在暗地,真是防不胜防。

"追逼"一词,可参考诗篇十篇二节"追得火急",在用词上在本节与诗篇是相同的。

这里不是只为描写,而有实际的史事为依据,西底家王是犹大的末代王,在城破时,想逃走,但最后仍旧被擒,记载在耶利米书卅九章四至七节以及五十二章七至十一节。以色列民原相信神赐福给他们,因此

---

⑭ Albrektson, *op. cit.*, 192-193.

大卫的王朝，历代自大卫家出来的王，必予他们保护。他们也倚靠圣殿，因为那是耶和华的居所。他们又信任先知与祭司，但这些都令他们失望了。主要的原因是他们没有倚靠耶和华，反倚靠异邦埃及及人力，所以终于败亡，无法挽救民族的厄运。这实在是极大的悲剧，作者为民族在历史的浩劫而悲叹哀哭，岂是偶然的吗？

四20　耶和华的受膏者好比我们鼻中的气，在他们的坑中被捉住，我们曾论到他说：我们必在他荫下，在列国中存活。

以色列的君王是耶和华的受膏者，撒母耳记下一章十六节表明大卫对扫罗王的尊敬。以后他成为耶和华的受膏者，他也着实重视这职分。列王纪列出以色列的诸王也都以大卫为楷模，凡效法他祖大卫的必是好王。南北分裂后，犹大中尚有若干好王。可惜西底家王行耶和华眼中看为恶的事，没有照大卫而是照约雅敬一切所行的，因此耶和华的怒气在耶路撒冷和犹大发作，以致将人民从自己面前赶出（王下廿四19～20）。

君王是“我们鼻中的气”，表明王是人民盼望所寄托的，这是在古时迦南地的说法，记载在亚玛函件之中（Amarna Letters）。[15]埃及也有这种说法，气与荫下是指法老王。在圣经中论君王在耶和华的荫下，诗人大卫这样祈祷：“求你保护我，如同保护眼中的瞳人，将我隐藏在你翅膀的荫下。”（诗十七8）“住在至高者隐密处的，必住在全能者的荫下。”（诗九十一1）

以色列的国运是在耶和华的荫庇之下，因为人民是在王的保护之中。但是这种信念已经破碎，因为王在坑中被捉拿了。西底家王终于被擒了。他自身难保，又怎能保护人民在列国中存活呢？失国之后，再无安全可言。

(ii) 预言以东败亡（四21～22）

本诗以咒诅以东作结。以东的败亡，才是锡安复兴的契机。历史

---

⑮ Hillers，*op. cit.*，92.

的背景可依据俄巴底亚书,以东趁火打劫,趁着以色列在败亡危急中,肆意掠夺,引起选民的公愤。

四 21　住乌斯地的以东民哪,只管欢喜快乐,苦杯也必传到你那里。你必喝醉,以致露体。

乌斯地是在以东(创卅六 28)。以东为以扫,为雅各的哥哥,却无兄弟的情分,令人发指。俄巴底亚书十一节:"当外人掳掠雅各的财物,外邦人进入他的城门,为耶路撒冷拈阄的日子,你竟站在一旁,像与他们同伙。"诗篇一三七篇七节:"耶路撒冷遭难的日子,以东人说:拆毁,拆毁,直拆到根基!耶和华啊,求你记念这仇。"(参结卅五章及珥三 19～21)

以东怎可仍旧欢喜快乐,因为神忿怒的杯必快临到他们。神忿怒的杯会使人喝醉,耶利米书廿五章十五至廿九节就有这样的描述。

喝醉与露体相连,可参考创世记九章廿一至廿二节以及哈巴谷书二章十五、十六节。露体必导致羞辱。七十士译本作"喝醉与失落",叙利亚译本作:"你必感到力竭与悲惨。"

四 22　锡安的民哪,你罪孽的刑罚受足了,耶和华必不使你再被掳去。以东的民哪,祂必追讨你的罪孽,显露你的罪恶。

这里的情形有完全的转变。锡安的民将得着复兴,但以东的民必遭羞辱。锡安的罪孽已遭刑罚,而且已经受够了,不会再受苦难了。苦难已经过去,被掳的事也不会再反复发生,复兴在望,前途有无限的盼望,光耀无穷。

以东的民却因累积的罪孽而承受刑罚的后果,因为神的公义必然显露,神的忿怒不会再容忍了。他们怎样因酒醉而露体,现在他们也必被显露而受辱。

锡安的复兴,首先在此处显出希望的光芒。在第三章虽有积极的语句,但诗人仍在信心与疑惑之间挣扎,希望似尚不十分具体,但在此处已经很真实了。

伍　求怜悯之拯救
（五 1～22）

本书第五章与其余几章截然不同。首先这首诗不再与前四首的形式相同，不再是离合体的字母诗。本诗虽仍为廿二节，却不是以廿二个字母排列在每节之首。其次在韵律方面也不再是哀歌（即三比二的节拍）。但会众哀歌的形式仍在字里行间，这种会众哀歌（community lament），在诗篇中甚多，有祈祷与悲叹，有信靠与顺服的心意，又有十足信心的确据。如研究本诗，也可觉察有这些类似的内容。可参考诗篇四十四篇，六十篇，七十四篇，七十九篇，八十三篇，八十九篇等。

本诗是祈祷诗，以第一人称多数"我们"发言。在前四首诗中，常有叙述者与受苦的群众交叉地说话。本诗以个人代表众人，与会众完全认同，发出祈祷的心声，并且一气呵成。

这第五首诗与上一首（第四章）并不连贯。在第四章结语是怀着盼望的，但这盼望并未呈现在此处，在本章内，结语是发问（20 节）与困惑（22 节）。

从长度来说，本章也与其他几章不同，虽有廿二节，如第一、二、四章一样，但诗句短，可见简短得多。以上各点并不说明第五章的独立性，因为这仍是在本书的完整部分，而且成为十分适当的结论，本书以悲叹开始，以祈祷作结。

作者在省思中，提出苦难的因由："我们列祖犯罪，而今不在了，我们担当他们的罪孽。"（7 节）但他又说："我们犯罪了，我们有祸了！"（16 节）这两者似为矛盾，其实是述明罪孽的两方面。但以理书九章十六节："因我们的罪恶和我们列祖的罪孽，被四围的人羞辱。"这就成为充分的理由，不必置疑。①

有人以哀歌的韵律（Qinah），分析本书的结构：三长二短（三比二

---

① Jain, Provan, *The New Century Bible Commentary*: *Lamentations*(1991),124－125.

的旋律）。第一至三章长，四、五章短。这样的解释确极饶有兴味。②

　　本诗约略可分为三项。第一项为悲叹目前的苦境，分析其原因（1～18 节），先以向神呼吁为开端（1 节），继以历数苦难的实况。第二项为向神的赞美，也加以呼求神的帮助（19～21 节）。第三项为哀歌的结语，也为本诗（以及本书）作结。

　　再作文体的分析，第一节是十分典型的会众哀歌形式，③本诗主干部分，是先知文学中极为显著的论述，延至十八节成为高峰。十九节起以赞美诗的方式引入祈祷，有悔改的意向。最后的结语是哀歌，但哀歌中没有失望，却有非常严肃的口吻。

(I) 再叹人民疾苦（五 1～13）

　　五 1　耶和华啊，求你记念我们所遭遇的事，观看我们所受的凌辱。

　　在若干希腊文与拉丁文的古卷里，本诗的开端有这样的字样："祷告诗"，"先知耶利米的祈祷"。后者尤其着重耶利米为作者。正如第一章那样，求神观看（一 9、11、20），其实也应包括第二、三章（二 20，三 36）。作者求神记念。所以在这祈祷的首句：记念与观看。"记念"是在会众哀歌中特有的请求（诗七十四 18、22）。

　　作者在祈祷中，请求神注意"我们所受的凌辱"。这正如诗篇七十九篇四节："我们成为邻国的羞辱……"（诗八十九 41、50，一二三 3～4）。

　　这又可回溯一章八至九节。这是极大的痛苦。有学者说，以色列被掳的事，在信仰上是一种打击，令人难堪的事，但在实情上有需要。被掳的经验使以色列人看清神公义的作为，审判必须从神的家起首，同时他们也必须从狭窄的国族主义走出来，认清耶和华是普世的神，他的

---

② W. H. Shea, "The Qinah Structure of the Book of Lamentations," *Biblica* 60(1979), 103－107.

③ Claus Westermann, "Struktur und Geschrchte der Klage im Alten Testament," *Zeitschrift für die alttestamentliche Wissenschaft* 66(1954), 54.

救恩也是为普世的，他们信仰的视野必须扩展。历史的教训是严峻的，他们应从苦难的经验来汲取。

五2　我们的产业归与外邦人；我们的房屋归与外路人。

"我们的产业"，这产业是神赐的地土。约书亚记廿四章廿八节：以色列民有自己的地业。况且申命记四章廿一节：耶和华以色列的神，赐给他们为业的那美地。可见以色列人是多么重视这产业。这产业是神嘱咐摩西所分给以色列人的（民廿六53；申四38），是何等珍贵的福分。

土地与房屋都是神赐给的，绝不可转让，沦为外邦人拥有之业（王上廿一3）。现在一旦归于外邦人或外路人，就轻易放弃了神的福分，是无法想象的。福分的反面是咒诅，这就明显地成为他们的羞辱。多么难堪的经验！

"归于"或"归与"，是在以赛亚书六十章五节的用字："转来归你"。但现在不是归"你"而是归"他"。这岂不是奇耻大辱吗？当所有权失去了，就丧失了力量，落到无助的地步。

这种转变，是历史的逆流，耶和华的地土由信奉异教者来控制。以色列应该觉醒，甚至外邦人之地原属耶和华，全地都是属他的。如果以色列人没有这样的体认，必过分狭窄，不能明白神绝对的权能，更难了解神在历史里救赎的作为。那是需要时日来学习这个十分昂贵的教训功课。

五3　我们是无父的孤儿，我们的母亲好像寡妇。

孤儿寡妇在古时社会中是最无助的一群，他们需要别人的照顾与保护，尤其惟独仰赖耶和华（申十18）。

孤儿寡妇的增多，是因战争的原因。在战事中男丁阵亡，女子成为寡妇，孩童失去父亲。此处不仅指战争所导致的死亡，也指因被掳而发生的实况，男子被掳，家小遗留在本地。但是作者从整个情势来观察，似乎全民都沦落如此。

以色列的律法，教导人们不可忽略孤儿寡妇与寄居的外人（申十12～十一32）。以色列人也一向遵奉这教训，应照顾孤儿和寡妇（出廿二22；申十18，十四29；诗六十八5，一四六9；赛一17；耶四十九11）。耶利米当时也一再劝说（耶七5～7），以后甚至劝导以色列人降服迦勒底人，并非委曲求全，实在为大局着想，免致大批的伤亡（耶廿一章）。

但以色列人不愿听劝,现在造成这样的惨况。

"好像寡妇。""好像"是照介系词(Ke)直译的,希伯来文法中的介系词有时是直叙的,带有肯定的语气(asseverative),可译为"实在是",她们实在成为寡妇了。④

这是犹大社会在失国后普遍的现象,是十分悲惨的状况,使作者悲叹不已。

五 4　我们出钱才得水喝,我们的柴是人卖给我们的。

当国家的主权丧失了,连本身的资源也受制于统治者,生活基本的需要,都得仰赖异族人,这是多么大的艰难,也是莫大的羞辱。

英文新译本(Jerusalem Bible,New English Bible)在译词上意义更为明确:"我们喝自己的水还要出钱,取自己的柴竟要去买。"他们完全失去运用资源的自由。这是耶和华的地土,一切资源那么丰足,也表征了神无限的福分,是取之不尽,用之不竭的,怎可让外族人来支配?

五 5　追赶我们的,到了我们的颈项上,我们疲乏不得歇息。

敌人一直追赶我们,使我们不得安全,常在惊惧之中,疲于奔命。

"到了我们的颈项上"可有两种解释。当被征服时,对方得胜者将脚踏在失败者的颈项,这是古时的习俗。另一种说法是根据一种希腊文译本(Symmachus)加一个字"轭",他们强制我们将轭负在颈项上从事劳役,使我们疲乏不堪。"追赶"可译为"强制"。⑤

"追赶"一词在本书中屡次出现(一 3、6,三 43、66,四 19),有时译为"追迫",他们以色列人常在受迫害之中。

"不得歇息",安息是与基业相连的,以色列人进入应许地得着基业,就得享受安息(申十二 10)。可见此处再连续第二节有关基业的观念。

本节"被追赶"与"疲乏"二者也有连贯的含义。这种重复的叙述,

④ R. Gordis, The Song of Songs & Lamentations (1974), 195; T. S. Meek and W. P. Merrill, The Book of Lamentations, Interpreter's Bible, vol. 6, (1956), 35; O. Kaiser, Klagelieder, in H. Ringgren et al., Sprüche, Prediger, Das Hohe Lied, Klagelieder, Das Buch Esther (1981), 291 - 386, esp. 374.
⑤ Delbert R. Hillers, Lamentations, The Anchor Bibles 97; T. F. McDaniel, "Philological Studies in Lamentations," Biblica 49(1968), 50 - 51.

是耶利米书所特有的。⑥

五6　我们投降埃及人和亚述人，为要得粮吃饱。

犹大必须投靠外邦人确保和平与安定。中译词"投降"似乎在语气上过分强调。原意为"伸手"，表明一种投靠的姿态，或指请求的意愿，他们是求粮食，另一种说法是顺服（代上廿九24）。中译词是采取后者的涵义（如结十七18）。有的译为"结盟"。⑦

犹大所以如此作，为求经济的需要，有充分的粮食可供给全国的人民，解决民生问题。

此处提说埃及与亚述，在解释方面也有两种可能，一种是指这两者是传统的敌人，他们不会真的协助犹大人，只是趁人之危，谋求好处，以达到压迫的目的，另一说法是指这两者是实际的敌人，因为以色列人被掳的，也实际在这两个国家（赛廿七13）。他们也确实与他们结盟，得着政治、经济与军事的援助，但以色列为此付上极重大的代价，甚至得不偿失。

五7　我们列祖犯罪，而今不在了，我们担当他们的罪孽。

我们列祖所犯的罪，需要后世的人来担当，担当的不是他们的罪孽，而是他们应受的刑罚。这个公义的原则，在出埃及记二十章五节所提说的："恨我的，我必追讨他的罪，自父及子，直到三四代。"但是这确为神的用意吗？在下一节（出二十6），神向守诫命的发慈爱，直到千代。三四代是短暂的，而千代是长久的，以这作为尖锐的对比，值得注意。

列祖不在了，他们不必在世上承受，那承受的却是"我们"，岂不有失公允吗？这是否推卸责任的说法？难道他们后世的人无奈地来承当？这些问题在本身似无答案。但犹太被掳以前，耶利米已有交代，卅一章廿九、三十节：各人必因自己的罪死亡。在被掳时，以西结也说明这事（结十八章）。从一方面来看，儿子不需担当父亲的罪。但在另一方面来研究，父亲的罪孽不可能不影响儿子，所以在本诗十六节："我们

⑥ J. Gerald Janzen, "Double Readings in the Text of Jeremiah," *Harvard Theological Review* 60(1967), 433 - 447.

⑦ Hillers, *op. cit.*, 95.

犯罪了。"作者不得不承认今代犹大人的失败。如果只是列祖犯罪，后世清白，神还是不会降罚于他们。事实上，后世的人受列祖罪孽的影响，而他们自己也有罪，因此刑罚就无可避免了。

五 8　奴仆辖制我们，无人救我们脱离他们的手。

巴比伦统治犹大，必派若干官员，其中有的是犹大人，这也可说是以犹制犹；异族直接管辖，必引起反感，甚至反叛。但是那些犹大人可能以前是为奴的，可参考耶利米书卅四章八、九节。但是本来为奴的，现在摇身一变，来辖制原来的主人，一定十分苛刻，有些小人得志，更加不可一世。人们不但无可奈何，而且在十分委曲的情况下。⑧

五 9　因为旷野的刀剑，我们冒着险，才得粮食。

刀剑为什么是在旷野呢？也许是指旷野居住的野蛮人所给的威胁，他们常来掠夺，必须谨防。⑨ 另一种解释是象征热气，旷野的炎热如刀剑一般十分危险，足以伤人。得着粮食，有译为赚得食物。⑩ 可能指谋生之艰难，冒炎热，受压迫，多种困难，但犹大人仍必须冒险，千辛万苦为赚取食物，他们的窘境可见一斑。

迦南美地是流奶与蜜之地，物产丰富，神的选民向无匮乏之恐惧。被掳之后，遗留在本地的居民竟为生计感到困难，必是异族的统治者搜刮物资，使那些失国的民落到那么凄惨的状况。诗人为此十分悲痛，叹息不已。

五 10　因饥饿燥热，我们的皮肤就黑如炉。

他们又饥饿，又忍着炎热，成为干瘦患病的人，他们的皮肤因患病而呈灰黑色的样子，令人惊叹。饥饿与燥热为两件事，或因饥饿而呈发烧的现象，可见饥荒可怕的情况。他们的皮肤如被炉火烧过一样。此处实在有非常生动的描写。七十士译本与叙利亚译本作"皮肤呈黑色与蓝色"，拉丁文译作"烧焦"，亚兰文译作"变黑"。"黑"这字在旧约出现三次，是指情绪方面。创世记四十三章三十节指发动之情，列王纪上

⑧ Hillers, *op. cit.*, 105.
⑨ H. Gottlieb, *A Study on the Text of Lamentations* (1978), 67–70; H.-J. Kraus, *Klagelieder* (1968), 89.
⑩ *Jerusalem Bible*.

三章廿六节:"心里急痛"。何西阿书十一章八节:发动的怜爱。此处是否也有激动的意思? 饥荒的痛苦使血肉如焚,极为难耐。⑪

五 11   敌人在锡安玷污妇人,在犹大的城邑玷污处女。

在战败的国家中,最遭殃的是妇女,因为敌人肆意强暴侮辱,是常见的现象,古今到处都是这样。古时在常例中,敌人专拣处女,使她们受辱,是为公然使战败的国家蒙羞。但已婚的妇女也不能幸免,尤其较为年轻的,在耶京居住的,衣着比较鲜明美艳,可见这是惨无人道的罪恶,令人发指。⑫

自十一至十三节,描述的内容专在古时战败国所受的苦难。

五 12   他们吊起首领的手,也不尊敬老人的面。

敌人肆意侮辱首领们,此处老人可能指长老,或社会贤达。吊起首领的手,可能有几种解释:(1)首领被吊起来处刑,未必处死;(2)首领的手被吊起,拷问他们,或是刑术;(3)吊起来示众,公然羞辱;(4)手或指首领,或指迫害者。⑬

对社会的长老也不尊敬,为要破坏整个社会的风气。这大概是圣城被攻破当时的情景,征服者一进城,可说无恶不作。当地的居民承受最大的苦难,十分惊惧,朝不保夕,人心惶惶,不知所终。

五 13   少年人扛磨石,孩童背木柴,都绊跌了。

侵略者强制少年或孩童作苦工,受劳役,以致他们力不能胜而跌倒了。扛磨石是极不寻常的事,通常磨石是不搬动的,所以就有不同的猜测,以致拉丁文译本作"少年人受性侵犯。"磨石有时可作"性"的表征。⑭ 但扛磨石与捡背木柴,都是羞辱少年的(参出十一 5;士十六21;赛四十七 2)。这是奴工的劳役,甚至照七十士译本加上"哭泣"。孩童在捡了木柴之后,还得背回来,常在捡的时候,就绊跌在木柴上,或这些沉重的负担,不是孩童所能承担的,以致跌倒在地上,可能还遭鞭打。

---

⑪ Provan, *op. cit.*, 130.

⑫ Arnold B. Ehrlich, *Randglossen zur hebräischen Bibel*, VII (1914),53.

⑬ Millers, *op. cit.*, 95.

⑭ Hillers, *op. cit.*, 99.

(II) 欢乐失落遍处(五14～18)

五14 老年人在城门口断绝,少年人不再作乐。

老年人是在十二节,少年人是在十三节。本节将前两节综合起来。老年人不仅是长老,为社会贤达,为众人所尊敬,他们出现在城门口,是给予人们安全的感觉,因为他们在城门口主持公道,维持社会的秩序。城门口是广场,人民聚集的地方,是社会生活的中心。如今老年人不再出现,社会的安宁就失去了(可参考申廿一18～21,廿二13～19)。

在城门口,是民众云集的地方,在太平的时日,常十分热闹。少年人吹奏音乐作乐,大家都十分快乐。但自圣城陷落之后,这种情形就不复存在了。

五15 我们心中的快乐止息,跳舞变为悲哀。

当少年人不再奏乐,快乐就止息,这种情绪已经停留在休止符上,哪里还有什么舞蹈的动作?舞蹈洋溢着青春的欢乐,没有这些动作,静止下来,就有呆滞的现象,会有悲哀的情怀。这是一片败亡的现象。圣城沦落了,人民都为失国而悲痛,这种悲情是举国上下的,老少都一同在悲哀中,再没有心情来享受社会和美的生活,任何活动都已停摆了。人们只有悲叹与举哀,一切景色似都变为灰色与幽暗。

五16 冠冕从我们头上落下,我们犯罪了,我们有祸了!

冠冕象征尊贵和荣耀(伯十九9),现在已经失去,这也表征节期的喜乐(歌三11)。冠冕可指以色列中大卫的王朝,随着西底家王的被掳而灭绝了。民族的尊荣就完全失去(赛廿八章一、三节;耶十三18)。

主要的原因是我们犯了罪,所以宣告有祸。在第七节是列祖的罪,他们不可推卸责任,因为他们自己有罪。可见罪是双重的:列祖与现代人。罪也是累积的,从以往积至现今,但以理书九章十六节说明这事。新约罗马书二章五节是极合宜的解释:"为自己积蓄忿怒,以致神震怒,显他公义审判的日子来到。"

自十三节起至十五节,描述老年至少年,欢乐至悲哀,尊荣至羞辱,冠冕失落,以色列的尊荣不再存在。归根结底,以色列连续犯罪,自列祖至今代,都得罪了神,所以只有咒诅,没有祝福,他们在极大的祸患之中。

这是神启示的公义，神的公义是报应的，断不以有罪为无罪，一切苦难都与罪恶有关。以色列受失国之苦，是罪有应得，他们怎可否认？怎可推诿？怎可逃避？除求神的怜悯外，无可奈何！

五 17　这些事我们心里发昏，我们的眼睛昏花。

这些事都是锡安的苦难，使他们心中发昏（一 22；赛一 5；耶八18）。在其他书卷中，也有这些发生的事，是前事不是后事（耶卅一 26；诗卅二 6；赛五十七 6，六十四 11；耶五 9、29，九 9；摩八 8；弥一 8 等）。

眼睛昏花，眼前好似一片黑。诗篇六十九篇廿三节：眼睛昏蒙，不得看见。传道书十二章三节：往外看的都昏暗。这似描写年老体衰，精力已退，没有什么喜乐可言。以色列经过历史的浩劫而老化了。

五 18　锡安山荒凉，野狗行在其上。

锡安山原是圣山，为圣殿的所在，神的居所为人们所仰望，有多少朝圣的人前往。在节期更是人山人海，盛极一时。现在圣城沦陷，圣殿被毁，人们失去敬拜神的圣所，再没有人前来；这锡安山的荣华如先知著作的描述（赛十三 21～22，卅四 11～17；耶七 4；结十三 4；弥三 11；番二 13～15），已不复存在了。锡安山荒凉，好似荒野一般，只有野狗出没在那里。它们是惟一凭吊历史废墟的。

"野狗"中译词，实则为狐狸（有小字加注）。狐狸在古代中东的观念中是表征咒诅的。[15] 如今，神的山、神的居所却成了咒诅的所在。

(III) 展望复新前景（五 19～22）

本书最后一段，是展望神的救恩。哀歌是以信心的承认作结，神是有权能的，惟有他是亘古常存的，他最可靠。但诗人仍再提出怀疑的慨叹："你竟全然弃绝我们，向我们大发烈怒。"他不得不针对现实而有的悲哀。至少目前情势仍未好转。但他深信耶和华的公义必然显露，复新在望，他有无限的期盼。

---

[15] "Curse of Agade," *Ancient Near Eastern Text*, 651, Lines 254–255.

五 19　耶和华啊,你存到永远,你的宝座存到万代。

这节实在是一个转捩点,在句首有"然而你耶和华……"。"然而"也说是整个的转变,看现实看环境,使人颓丧忧苦,但仰望神就有新的气象。

此处也可译作:"然而你是耶和华!"你是王,万王之王,你是历史的主,一切国族的命运是在你的手里,你可使人升高,也可使人降卑。耶和华是以色列的神,有圣约的关系,圣约的民决不会从此消灭。第三首诗歌的思想又呈现了:"我们不至消灭,是出于耶和华诸般的慈爱,是因他的怜悯不至断绝。"(三 21)耶和华存到永远,而且也永远掌管,神的宝座存到万代。在诗篇中的会众哀歌中,曾出现这样信心的承认(诗四十四 1～8,七十四 12～17,八十 1～2,八十九 1～18)。本节是十分完美的赞美诗。

五 20　你为何永远忘记我们? 为何许久离弃我们?

从赞美诗,又回到哀歌,因为诗人在发怨言,他实在感到困惑,不能明白,无法与神理论。本首开始求神记念,在结束前回到现实,神并不记念,却忘记他们。他知道他们都犯罪了,神必忘记与离弃他们,但是神的怒气只是转眼之间,他的恩典乃是一生之久。

"为何……"这是严重的问题,耶利米书十二章一节:"耶和华啊,我与你争辩的时候,你显为义。但有一件,我还要与你理论:恶人的道路为何亨通呢? 大行诡诈的为何得安逸呢?"以色列人虽然不好,巴比伦与以东岂不更加罪恶吗? 我们已受了当得的报应,但是他们呢? 他们仍在享安乐,显然你忘记我们,完全离弃我们。

这也是先知哈巴谷的论调,尤其是在哈巴谷书第一章,提出许多"为何"。这还不仅哀叹以色列的苦难,也在质询神的公义。先知有强烈的公义感,他们也有责任,要为神的义辩护(Theodicy)。哀歌的作者具有先知特有的意识,向神发出疑问,为向普世宣告神的公义。

这是正义的声音,从历史的领域中突破出来。这种叹息也十足说明信心的展望,要看神继续的作为,彰显在历史之中。

五 21　耶和华啊,求你使我们向你回转,我们便得回转;求你复新我们的日子,像古时一样。

求神使我们向你回转,向你彻底悔改,因为当他们归向神,神就转向他们。神原没有转动的影儿,转向是以色列应有的动作。这是何西阿书六章之要义:我们转向神,好似地球转向太阳,黑夜变为黎明,"他出现确如晨光。"(何六 3 下)这是耶和华对耶利米所说的话:"你若归回,我就将你再带来,使你站在我面前。"(耶十五 19)

这是第三首的诗句:"我想起这事,心里就有指望。"(三 21)"凡等候耶和华、心里寻求他的,耶和华必施恩给他。人仰望耶和华,静默等候他的救恩,这原是好的。"(三 25~26)

求神的复新,是诗人的盼望。"复新"就是恢复,但不仅是恢复旧观,而且有新的气象,复新是复兴与更新。

"像古时一样。"诗人仍在怀念古时一切的乐境(一 7)。过往的乐境仍可捕捉吗? 但将来的日子必然更美更好。留恋过去是失败者,惟有展望将来,才会奋勇进取。

五 22 你竟全然弃绝我们,向我们大发烈怒。

本书最后一句话未免太消极了。但读原文实际并非消极,却有强烈的语气,成为一个要求,"你不能全然弃绝⋯⋯"或者一项宣告:"你是不会全然弃绝我们了⋯⋯"。因为在语句结构上是极强烈的反应,可译作"除非":"除非你全然弃绝,大发烈怒,不然我们必得复新。"⑯又可译作"甚至虽然":"虽然你全然弃绝,复新的事仍必实现。"⑰译为"不然":"不然你全然弃绝,复新是可能的。"⑱

有时哀歌的形式,确以消极的语句作结(如耶十四 9;诗八十八、八十九篇)。但在祈祷中,仍流露着希望的光芒。

---

⑯ W. Rudolph, *Die Klagelieder* (1962), 257 - 258; *New International Version*, *Jerusalem Bible*.

⑰ R. Gordis, "The Conclusion of the Book of Lamentations (5:22)," *Journal of Biblical Literature* 93(1974), 289 - 293.

⑱ Hillers, *op. cit.*, 100 - 101.

参 考 书 目

I. 注释与专论

Albrektson, Bertil. Studies in the Test and Theology of the Book of Lamentations, Studia Theologica Lundensia, 21. Lund, 1963.

Brandscheidt, R. *Das Buch der Klagelieder*, Geistliche Schriftlesung, Altes Testament 10, Dusseldorf, 1988.

——. *Götteszorn und Menschenleid : Die Gerichtsklage des leidenden Gerechten in Klgl 3*, Trierer Theologische Studien 41, Trier, 1983.

Brunet, G. *Les Lamentations contre Jérémie : Réinterpretation des quatre premières Lamentations*, Bibliotheque de L'ecole des Hautes Etudes, Section des Sciences Religieuses 75, Paris, 1968.

Budde, K. *Die Klagelieder*, in K. Budde et al. , *Die Fünf Megillot*, Kommentar zum Alten Testament 17. Freiburg, Leipzig and Tübingen, 1898,70 - 108.

Davidson, R. *Jeremiah*, vol. 2, *Lamentations*, Daily Bible Study. Edinburgh : T. & T. Clark, 1985.

Ehrlich, A. B. *Randglossen zur hebräischen Bibel*, vol. 7, Leipzig, 1914.

Ewald, H. *Die Psalmen und die Klagelieder*, Die Dichter des Alten Bundes. 1/2,3rd ed. Gottingen, 1866.

Fuerst, W. J. *The Books of Ruth, Esther, Ecclesiastes, The Song of Songs, Lamentations*, Cambridge Bible Commentary on the New English Bible, Cambridge, 1975.

Gordis, R. *The Song of Songs and Lamentations*, 3rd ed. New York : KTAV, 1974.

——. "A Commentary on the Text of Lamentations," in *The Seventy-Fifth Anniversary Volume of the Jewish Quarterly Review*, eds. Abraham A. Neuman and Solomon Zeitlin, 267 - 286. Philadelphia, 1967.

——. "Commentary on the Text of Lamentations (Part Two)," Jewish Quarterly Review, n. s. 58(1967 - 1968), 14 - 33.

Göttlieb, H. *A Study on the Text of Lamentations*, Acta Jutlandica, Theology Series 48/12, Aarhus, 1978.

Gross, H. and J. Schreiner. *Klagelieder, Baruch*. Neue Echter Bibel 14, Wurzburg, 1986.

Gunkel, H. "Klagelieder Jeremiae," in H. Gunkel and L. Zsharnack (eds.), *Die Religion in Geschichte und Gegenwart*, vol. 3, 2nd ed., Tübingen, 1929, cols. 1049 - 1052.

Gottwald, Norman K. *Studies in the Book of Lamentations*, Studies in Biblical Theology 14, rev. ed. London: SCM Press, 1962.

Gwaltney, W. C. "The Biblical Book of Lamentations in the Context of Near Eastern Lament Literature," in W. W. Hallo, J. C. Moyer and L. G. Perdue (eds.), *Scripture in Context II: More Essays on the Comparative Method*, Winona Lake, Indiana, 1983, 191 - 211.

Haller, Max. *Die Klageleider: Die Fünf Megilloth*, Handbuch zum Alten Testament. Tübingen: Moher, 1940.

Hiller, Max. *Die Klagelieder: Die Fünf Megilloth*, Handbuch zum Alten Testament. Tübingen: Moher, 1940.

Huey, F. B. *Jeremiah, Lamentations*, The New American Commentary 16. Nashville, Tennessee: Broadman Press, 1933.

Keil, Carl Friedrich. *Der Prophet Jeremia und die Klagelieder*, Biblische Commentar über das Alte Testament. eds. C. F. Keil and Franz Delitzsch. Leipzig, 1872.

Kraus, Hans-Joachim. *Klagelieder* (Threni), Biblischer Kommentar, 3rd ed. Neukirchen-Vluyn, 1968.

Levine, E. *The Aramaic Version of Lamentations*. New York: KTAV, 1976.

Löhr, Max. Die Klagelieder, Die Heilige Schrift des Alten Testaments, 4th ed., ed. Alfred Bertholet. Tübingen: Moher, 1923.

——. *Die Klagelieder des Jeremias*. Göttingen: Vandenhoeck und Ruprecht, 1893.

——. *Die Klagelieder des Jeremias*. Göttingen: Vandenhoeck und Ruprecht, 1891.

Martin-Achard, R. and S. P. Re'emi. *God's People in Crisis: A Commentary on the Book of Amos; A Commentary on the Book of Lamentations*, International Theological Commentary. Edinburgh: T. & T. Clark, 1984.

Meek, T. J. and W. P. Merrill. *The Book of Lamentations*, The Interpreter's Bible 6. Nashville, Tennessee: Abingdon Press, 1956, 1 - 38.

Nötscher, F. *Die Klagelieder*, Echter Bibel 2/2, Würzburg, 1947.

Oettli, Samuel. "Die Klagelieder," in *Kürzgefaszter Kommentar zu den heilingen Schriften Alten und Neuen Testaments*, eds. Hermann Strack and Otto Zockler, 199－224. A: Altes Testament 7. Abteilung: Die poetischen Hagiographen. Nordingen, 1889.

Paffrath, Tharsicius. *Die Klagelieder*, Die Heilige Schrift des Alten Testaments, eds. Franz Feldmann and Heinrich Herkenne, vol. VII, 3. Bonn, 1932.

Peake, A. S. *Jeremiah*, vol. 2 and *Lamentations*, Century Bible, Edinburgh, 1911.

Plöger, O. *Die Klagelieder*, Kurzer Hand-Commentar zum Alten Testament 17/3, 2nd ed., Guttersloh, 1962.

Proven, Iain. *Lamentations*, The New Century Bible Commentary. Grand Rapids, Michigan: William B. Eerdmans, 1991.

Ricciotti, Giuseppe. *Le lamentatizione di Geremia*. Turin, Rome, 1924. Rudolph, Wilhelm. *Das Buch Ruth — Das Hohe Lied — Die Klagelieder*, Kommentar zum Alten Testament, vol. XVII, 1－3, Güttersloh, 1962.

Stoll, C. D. *Die Klagelieder*, Wuppertaller Studienbibel, Wuppertal, 1986.

Streane, A. W. *Jeremiah*, *Lamentations*, Cambridge Bible Commentary on the New English Bible, Cambridge, 1976.

Weiser, A. *Klagelieder*, in H. Ringgren and A. Weiser, *Das Hohe Lied*, *Klagelieder*, *Das Buch Esther*, Das Alte Testament Deutsch 16/2, Göttingen, 1958, 39－112.

Wiesmann, D. *Die Klagelieder*, Frankfurt, 1954.

II. 短文

Alexander, P. S. "The Textual Tradition of Targum Lamentations," *Abr-Nabrain* 24(1986),1－26.

Beer, Georg. "Klagelieder 5,9," *Zeitschrift für die alttestamentliche Wissenschaft* 15(1895),285.

Begrich, Joachim. "Der Satzstil im Funfer," *Zeitschrift für Semitistik und verwandte Gebiete* 9(1933－34),169－209.

———. "Zur hebraischen Metrik," *Theologische Rundschau* 4(1932),67－89.

Bergler, S. "Threni v — Nur ein alphabetisierendes Lied? Versuch einer Deutung," *Vetus Testamentum* 27(1977),304－320.

Bickell, G. "Kritische Bearbeitung der Klagelieder," *Wiener Zeitschrift für die Kunde des Morgenlandes* 8(1894),101－121.

Boehmer, Julius. "Ein alphabetisch-akcostichisches Ratsel und ein Versuch es zu losen," *Zeitschrift für die alttestamentliche Wissenschaft* 28(1908), 53 – 57.

Buccellati, Giorgio. "Gli Iasraeliti di Palestina al tempoo dell'esilio," *Bibbia e Oriente* 2(1960),199 – 209.

——. "In Lam. 2,5," *Bibbia e Oriente* 3(1961),37.

Budde, K. "Das hebraische Klagelied," *Zeitschrift für die alttestamentliche Wissenschaft* 2(1882),1 – 52.

Cannon, W. W. "The authorship of Lamentations," *Bibliotheca Sacra* 81 (1924),42 – 58.

Cohen, S. J. D. "The Destruction: From Scripture to Midrash," *Proof* 2 (1982),18 – 39.

Cross, F. M. "Studies in the Structure of Hebrew Verse: The Prosody of Lamentations 1:1 – 22," in C. L. Meyers and M. O'Connor (eds), *The Word of the Lord shall go forth: Essays in Honor of David Noel Freedman in Celebration of His Sixtieth Birthday*, American Schools of Oriental Research, Special Volume Series 1, Winona Lake, Indiana(1983),129 – 155.

Dahood, M. "New Readings in Lamentations," *Biblica* 59(1978),174 – 97.

Driver, G. R. "Notes on the Text of Lamentations," *Zeitschrift für die alttestamentliche Wissenschaft* 52(1934),308 – 309.

——. "Hebrew Notes on 'Song of Songs' and 'Lamentations,'" in W. Baumgartner et al, (eds.), *Festschrift für Alfred Bertholet*, Tübingen: Mohr(1950),134 – 146.

Emerton, J. A. "The Meaning of 'abne qodes in Lamentations 4:1," *Zeitschrift für die alttestamentliche Wissenshaft* 79(1967),233 – 236.

Freedman, D. N. "Acrostics and metrics in Hebrew Poetry," *Harvard Theological Review* 65(1972),367 – 392.

——. "Acrostic Poems in the Hebrew Bible: Alphabetic and Otherwise," *Catholic Biblical Quarterly* 48(1986),408 – 431.

Fries, S. A. "Parallele zwischen den Klageliedern Cap IV, V und der Maccabaerzeit,"*Zeitschrift für die alttestamentliche Wissenschaft* 13(1893), 110 – 124.

Gelin, Albert. "Lamentation (Livre des)," *Dictionaire de la Bible*, Supplement, vol.5, cols. 237 – 251. Paris(1957).

Gordis, R. "The Conclusion of the Book of Lamentations [5:22]," *Journal of Biblical Literature* 93(1974),291.

Hillers, D. R. "History and Poetry in Lamentations," *Currents in Theology and Mission* 10(1983),155 – 161.

Holscher, Gustav. "Elemente arabischer, syrischer und hebraischer 5 Metrik," *Beihefte zur Zeitschrift für die alttestamentliche Wissenschaft* 34(1920),93 – 101.

Horst, Friedrich. "Die Kennzeichen der hebraischen Poesie," *Theologische Rundschau* 21(1953),97 – 121.

Joseph, Max. "Tisch'a Beaw," in *Die Religion in Geschichte und Gegenwart*, 3rd ed. vol. III, cols. 1627 – 1629. Tübingen: Mohr(1959).

Johnson, B. "Form and Message in Lamentations," *Zeitschrift für die alttestamentliche Wissenschaft* 97(1985),58 – 73.

Kaiser, B. B. "Poet as 'Female Impersonator': The Image of Daughter Zion as Speaker in Biblical Poems of Suffering," *Journal of Religion* 67 (1987),164 – 182.

Krasovec, J. "The Source of Hope in the Book of Lamentations," *Vetus Testamentum* 42(1992),223 – 233.

Kraus, Hans-Joachim. "Klagelieder Jeremia," in *Die Religion in Geschichte und Gegenwart*, 3rd ed. Vol. III, cols. 1627 – 1629. Tü bingen: Mohr (1959).

Lachs, S. T. "The Date of Lamentations V," *Jewish Quarterly Review* 57 (1966 – 1967),46 – 56.

Lanahan, W. F. "The Speaking Voice in the Book of Lamentations," *Journal of Biblical Literature* 93(1974),41 – 49.

Löhr, Max. "Alphabetische und alphabetisierende Lieder im Alten Testament," *Zeitschrift für die alttestamentliche Wissenschaft* 25 (1905), 173 – 198.

——. "Sind Thr. IV und V makkabäisch?" *Zeitschrift für die alttestamentliche Wissenschaft* 14(1894),51 – 59.

——. "Der Sprachgebrauch des Buches der Klagelieder," *Zeitshrift für die alttestamentliche Wissenschaft* 14(1894),31 – 50.

——. "Threni III und die jeremianische Autoschaft des Buches der Klagelieder," *Zeitschrift für die alttestamentliche Wissenschaft* 24(1904),1 – 16.

Lohfink, Norbert. "Enthielten die im Alten Testament bezeugten Klageriten eine Phase des Schweigens?" *Vetus Testamentum* 12(1962),260 – 277.

McDaniel, T. F. "Philological Studies in Lamentations," *Biblica* 49(1968), 27 – 53,199 – 220.

——. "The Alleged Sumerian Influence upon Lamentations," *Vetus Testa-*

mentum 18(1968),198 - 209.

Malamat, Abraham. "The Last Kings of Judah and the Fall of Jerusalem," *Israel Exploration Journal* 18(1968),137 - 155.

Marcus, Ralph. "Alphabetic Acrostics in the Hellenistic and Roman Periods," *Journal of Near Eastern Studies* 6(1947),109 - 115.

Mintz, A. "The Rhetoric of Lamentations and the Representation of Catastrophe," *Proof* 2(1982),1 - 17.

Meinhold, Johannes. "Threni 2, 13," *Zeitschrift für die alttestamentliche Wissenschaft* 15(1895),286.

Moore, M. S. "Human Suffering in Lamentations," *Revue Biblique* 90 (1983),534 - 555.

Munch, P. A. "Die alphabetische Akrostiche in der judischen Psalmendichtung," *Zeitschrift der Deutschen Morgen landischen Gesellschaft* 90 (1936),703 - 710.

Porteous, Norman W. "Jerusalem — Zion: The Growth of a Symbol," in *Verbannung und Heinkehr* (Rudolph Festschrift), ed. Armulf Kuschke, 2235 - 2252. Tübingen: Mohr(1961).

Praetorius, Franz. "Threni I, 12,14. II, 6,13," *Zeitschrift für die alttestamentliche Wissenschaft* 15(1895),143 - 146.

Renkema, J. "*Misschien is er hoop...*" *De theologische vooronderstellingen van het boek Klagliedederen*, Franeker(1983).

Robinson, Theodore H. "Anacrusis in Hebrew Poetry," in *Werden und Wwesen des Alten Testaments*, Beiheft zur Zeitschrift für die alttestamentliche Wissenschaft 66(1936),37 - 40.

——. "Notes on the Text of Lamentations," *Zeitschrift für die alttestamentliche Wissenschaft* 51(1933),255 - 259.

——. "Once More on the Text of Lamentations," *Zeitschrift für die alttestamentliche Wissenschaft* 52(1934),309 - 310.

Rudolph, Wihelm. "Der Text der Klagelieder," *Zeitschrift für die alttestamentliche Wissenschaft* 56(1938),101 - 122.

Salters, R. B. "Lamentations 1:3, Light from the History of Exegesis," in *A Word in Season*: Essays in Honor of William McKane, ed. J. D. Martin and P. R. Davies. Sheffield, England: JSOT Press(1986),73 - 90.

Segert, S. "Zur literaischen Form und Funktion der Fünf Megilloth (Im margine der neuesten Kommentare)," *Archiv Orientalni* 33 (1965), 451 - 462.

Shea, W. H. "The qinah Structure of the Book of Lamentations," *Biblica* 60

(1979),103 - 107.

Treves, M. "Conjectures sur les dates et les sujets des Lamentations," *Bulletin Renan* 95(1963),1 - 4.

Westermann, Claus. "Structur und Geschichte der Klage im Alten Testament," *Zeitschrift für die alttestamentliche Wissenschaft* 66 (1954), 44 - 80.

——. "Der planmaszige Aufbau der Klagelieder des Jeremias," *Biblica* 7 (1926),146 - 161.

——. "Die Textgestalt des 5. Kapitels der Klagelieder," *Biblica* 8 (1927), 339 - 347.

——. "Der Vergasser des Buchleins der Klagelieder ein Augenzeuge der behandelten Ereignisse?" *Biblica* 7(1926),412 - 428.

Zenner, P. J. K. "Thr. 5," *Biblische Zeitschrift*, o. s. 2(1904),370 - 372.

史丹理基金公司　识

　　1963 年菲律宾史丹理制造公司成立后，由于大多数股东为基督徒，大家愿意把公司每年盈利的十分之一奉献，分别捐助神学院、基督教机构，以及每年圣诞赠送礼金给神职人员，史丹理制造公司也因此得到大大祝福。

　　1978 年容保罗先生与笔者会面，提起邀请华人圣经学者著写圣经注释的建议，鼓励笔者投入这份工作。当时笔者认为计划庞大，虽内心深受感动，但恐心有余而力不足，后来决定量力而为，有多少资金就出版多少本书。出版工作就这样开始了。

　　1980 年 11 月，由鲍会园博士著作的歌罗西书注释交给天道书楼出版，以后每年陆续有其他经卷注释问世。

　　1988 年史丹理制造公司结束二十五年的营业。股东们从所售的股金拨出专款成立史丹理基金公司，除继续资助多项工作外，并决定全力支持天道书楼完成出版全部圣经注释。

　　至 2000 年年底，天道书楼已出版了三十六本圣经注释，其他大半尚待特约来稿完成。笔者鉴于自己年事已高，有朝一日必将走完人生路程，所牵挂的就是圣经注释的出版尚未完成。如后继无人，将来恐难完成大功，则功亏一篑，有负所托。为此，于 2001 年春，特邀请天道书楼四位董事与笔者组成一小组，今后代表史丹理基金公司与天道书楼负责人共同负起推动天道圣经注释的出版工作，由许书楚先生及姚冠尹先生分别负起主席及副主席之职，章肇鹏先生、郭志权先生、施熙礼先生出任委员。并邀请容保罗先生担任执行秘书，负责联络，使出版工作早日完成。

　　直至 2004 年，在大家合作推动下，天道圣经注释已出版了五十一册，余下约三十册希望在 2012 年全部出版刊印。

　　笔者因自知年老体弱，不便舟车劳顿，未能按时参加小组会议。为此，特于 6 月 20 日假新加坡召开出版委员会，得多数委员出席参加。愚亦于会中辞去本兼各职。并改选下列为出版委员会委员——主席：

姚冠尹先生;副主席:施熙礼先生;委员:郭志权博士、章肇鹏先生、容保罗先生、楼恩德先生;执行秘书:刘群英小姐——并议定今后如有委员或秘书出缺,得由出版小组成员议决聘请有关人士,即天道书楼董事,或史丹理基金公司成员担任之。

　　至于本注释主编鲍会园博士自 1991 年起正式担任主编,多年来不辞劳苦,忠心职守,实令人至为钦敬。近因身体软弱,敝委员会特决议增聘邝炳钊博士与鲍维均博士分别担任旧、新约两部分编辑,辅助鲍会园博士处理编辑事项。特此通告读者。

　　至于今后路线,如何发展简体字版,及配合时代需求,不断修订或以新作取代旧版,均将由新出版委员会执行推动之。

许书楚　识
2004 年　秋

天道圣经注释出版纪要

　　由华人圣经学者来撰写一套圣经注释，是天道书楼创立时就有的期盼。若将这套圣经注释连同天道出版的《圣经新译本》、《圣经新辞典》和《天道大众圣经百科全书》摆在一起，就汇成了一条很明确的出版路线——以圣经为中心，创作与译写并重。

　　过去天道翻译出版了许多英文著作；一方面是因译作出版比较快捷，可应急需，另一方面，英文著作中实在有许多堪称不朽之作，对华人读者大有裨益。

　　天道一开始就大力提倡创作，虽然许多华人都谦以学术研究未臻成熟，而迟迟未克起步，我们仍以"作者与读者同步迈进"的信念，成功地争取到不少处女作品；要想能与欧美的基督教文献等量齐观，我们就必须尽早放响起步枪声。近年来看见众多作家应声而起，华文创作相继涌现，实在令人兴奋；然而我们更大的兴奋仍在于寄望全套"天道圣经注释"能早日完成。

　　出版整套由华人创作的圣经注释是华人基督教的一项创举，所要动员的人力和经费都是十分庞大的；对于当年只是才诞生不久的天道书楼来说，这不只是大而又难，简直就是不可能的事。但是强烈的感动一直催促着，凭着信念，下定起步的决心，时候到了，事就这样成了。先有天道机构名誉董事许书楚先生，慨允由史丹理基金公司承担起"天道圣经注释"的全部费用，继由鲍会园博士以新作《歌罗西书注释》（后又注有《罗马书》上下卷，《启示录》）郑重地竖起了里程碑（随后鲍博士由1991年起正式担任全套注释的主编），接着有唐佑之博士（《约伯记》上下卷，《耶利米哀歌》）、冯荫坤博士（《希伯来书》上下卷，《腓立比书》，《帖撒罗尼迦前书》，《帖撒罗尼迦后书》）、邝炳钊博士（《创世记》一二三四五卷，《但以理书》）、曾祥新博士（《民数记》，《士师记》）、詹正义博士（《撒母耳记上》一二卷）、区应毓博士（《历代志上》一二卷，《历代志下》，《以斯拉记》）、洪同勉先生（《利未记》上下卷）、黄朱伦博士（《雅歌》）、张永信博士（《使徒行传》一二三卷，《教牧书信》）、张略博士（与张永信博士合著《彼得前书》,《犹大书》)、刘少平博士(《申命记》上下卷,《何西阿书》,《约珥书》,《阿摩司书》)、梁康民先生(《雅各书》)、黄浩仪博士(《哥林多前书》上卷,《腓利门书》)、梁薇博士(《箴言》)、张国定博士(《诗篇》一二三四卷)、邵晨光博士(《尼希米记》)、陈济民博士(《哥林多后书》)、赖建国博士(《出埃及记》上下卷)、李保罗博士(《列王纪》一二三四卷)、钟志邦博士(《约翰福音》上下卷)、周永健博士(《路得记》)、谢慧儿博士(《俄巴底亚书》,《约拿书》)、梁洁琼博士(《撒母耳记下》)、吴献章博士(《以赛亚书》三四卷)、叶裕波先生(《耶利米书》上卷)、张达民博士(《马太福音》)、戴浩辉博士(《以西结书》)、鲍维均博士(《路加福音》上下卷)、张玉明博士(《约书亚记》)、蔡金玲博士(《以斯帖记》,《撒迦利亚书》,《玛拉基书》)、吕绍昌博士(《以赛亚书》一二卷)、邝成中博士(《以弗所书》)、吴道宗博士(《约翰一二三书》)、叶雅莲博士(《马可福音》)、岑绍麟博士(《加拉太书》)、胡维华博士(《弥迦书》,《那鸿书》)、沈立德博士(《哥林多前书》下卷)、黄天相博士(《哈巴谷书》,《西番雅书》,《哈该书》)等等陆续加入执笔行列,他们的心血结晶也将一卷一卷地先后呈献给全球华人。

当初单纯的信念,已逐渐看到成果;这套丛书在 20 世纪结束前,完成写作并出版的已超过半数。同时,除了繁体字版正积极进行外,因着阅读简体字读者的需要,简体字版也逐册渐次印发。全套注释可望在 21 世纪初完成全部写作及出版;届时也就是华人圣经学者预备携手迈向全球,一同承担基督教的更深学术研究之时。

由这十多年来"天道圣经注释"的出版受欢迎、被肯定,众多作者和工作人员协调顺畅、配合无间,值得我们由衷地献上感谢。

为使这套圣经注释的出版速度和写作水平可以保持,整个出版工作的运转更加精益求精,永续出版的经费能够有所保证,1997 年 12 月天道书楼董事会与史丹理基金公司共同作出了一些相关的决定:

虽然全套圣经六十六卷的注释将历经三十多年才能全部完成,我们并不以此为这套圣经注释写作的终点,还要在适当的时候把它不断地修订增补,或是以新著取代,务希符合时代的要求。

天道书楼承诺负起这套圣经注释的永续出版与修订更新的责任,由初版营收中拨出专款支应,以保证全套各卷的再版。史丹理基金公司也成立了圣经注释出版小组,由许书楚先生、郭志权博士、姚冠尹先生、章肇鹏先生和施熙礼先生五位组成,经常关心协助实际的出版运作,以确保尚未完成的写作及日后修订更新能顺利进行。该小组于2004年6月假新加坡又召开了会议,许书楚先生因年事已高并体弱关系,退居出版小组荣誉主席,由姚冠尹先生担任主席,施熙礼先生担任副主席,原郭志权博士及章肇鹏先生继续担任委员,连同小弟组成新任委员会,继续负起监察整套注释书的永续出版工作。另外,又增聘刘群英小姐为执行秘书,向委员会提供最新定期信息,辅助委员会履行监察职务。此外,鉴于主编鲍会园博士身体于年初出现状况,调理康复需时,委员会议决增聘邝炳钊博士及鲍维均博士,并得他们同意分别担任旧约和新约两部分的编辑,辅助鲍会园博士处理编辑事宜。及后鲍会园博士因身体需要,退任荣誉主编,出版委员会诚邀邝炳钊博士担任主编,曾祥新博士担任旧约编辑,鲍维均博士出任新约编辑不变,继续完成出版工作。

21世纪的中国,正在走向前所未有的开放道路,于各方面发展的迅速,成了全球举世瞩目的国家。国家的治理也逐渐迈向以人为本的理念,人民享有宗教信仰自由,全国信徒人数不断增多。大学学府也纷纷增设了宗哲学学科和学系,扩展国民对宗教的了解和研究。这套圣经注释在中国出版简体字版,就是为着满足广大人民在这方面的需要。深信当全套圣经注释完成之日,必有助中国国民的阅读,走在世界的前线。

容保罗　识
2011年　春

天道圣经注释有限公司拥有天道圣经注释全球中文简体字版权

授权上海三联书店于中国内地出版本书，仅限中国内地发行和销售

图书在版编目(CIP)数据

耶利米哀歌注释/唐佑之著.—上海：上海三联书店，2021.5(重印)

"天道圣经注释"系列

主编/邝炳钊　旧约编辑/曾祥新　新约编辑/鲍维均

ISBN 978－7－5426－5316－1

Ⅰ.①耶…　Ⅱ.①唐…　Ⅲ.①《圣经》-故事　Ⅳ.①B971

中国版本图书馆 CIP 数据核字(2015)第 210242 号

耶利米哀歌注释

著　　者 / 唐佑之

策　　划 / 徐志跃

责任编辑 / 李天伟

特约编辑 / 徐　艳

装帧设计 / 徐　徐

监　　制 / 姚　军

责任校对 / 张大伟　王凌霄

出版发行 / 上海三联书店

　　　　　(200030)中国上海市漕溪北路 331 号 A 座 6 楼

邮购电话 / 021－22895540

印　　刷 / 上海惠敦印务科技有限公司

版　　次 / 2017 年 7 月第 1 版

印　　次 / 2021 年 5 月第 3 次印刷

开　　本 / 890×1240　1/32

字　　数 / 160 千字

印　　张 / 5.375

书　　号 / ISBN 978－7－5426－5316－1/B·435

定　　价 / 42.00 元

敬告读者，如发现本书有质量问题请与印刷厂联系 021－63779028